Colecția
Cărți Cheie

ZIG ZIGLAR (1926-2012) a fost una dintre autoritățile de vârf din domeniul literaturii motivaționale.

S-a născut într-o zonă rurală din Alabama, iar mai târziu familia s-a mutat în Yazoo City, statul Mississippi. S-a înrolat în Marina americană, și după lăsarea la vatră, în 1946, a studiat la University of South Carolina. Curând, a abandonat facultatea și a început să vândă vase de aluminiu pentru Wearever Aluminum Company.

În 1968, a devenit vicepreședinte și director de training la Automotive Performance Company, mutându-se la Dallas, Texas. În 1970, și-a început cariera de conferențiar în domeniul motivațional. Numele său a fost și încă este, pentru multă lume, sinonim cu noțiunile de încredere, motivare și succes.

A fost președintele Corporației Zig Ziglar, cu sediul în Dallas, o organizație cu peste șaizeci de angajați, al cărei scop continuă să fie acela de a ajuta oamenii să-și utilizeze cu succes resursele fizice, mintale și spirituale.

ZIG ZIGLAR

MOTIVE PENTRU A ZÂMBI

ÎNCURAJĂRI ȘI INSPIRAȚIE
PENTRU CĂLĂTORIA PE VALURILE VIEȚII

Ediția a IV-a

Traducere și note de
ANDREEA ROSEMARIE LUTIC

CURTEA *C* VECHE

Descrierea CIP a Bibliotecii Naționale a României
ZIGLAR, ZIG
Motive pentru a zâmbi: încurajări și inspirație
pentru călătoria pe valurile vieții / Zig Ziglar; trad.:
Andreea Rosemarie Lutic. - Ediția a 4-a. - București:
Curtea Veche Publishing, 2019
ISBN 978-606-44-0275-2

I. Lutic, Andreea Rosemarie (trad.)

159.9

Corector: GINA COPEL
Tehnoredactor: CHIRACHIȚA DOGARU
CURTEA VECHE PUBLISHING
str. Aurel Vlaicu nr. 35, București, 020091
redacție: 0744 55 47 63
distribuție: 021 260 22 87, 021 222 25 36, 0744 36 97 21
fax: 021 223 16 88
redactie@curteaveche.ro
comenzi@curteaveche.ro
www.curteaveche.ro

Zig Ziglar
SOMETHING TO SMILE ABOUT:
Encouragement and Inspiration for Life's Ups and Downs
Copyright © 1997 by the Zig Ziglar Corporation
All rights reserved.
Published by arrangement with Thomas Nelson,
a division of HarperCollins Christian Publishing, Inc.
This Licensed Work published under license.

Carte publicată pentru prima dată în limba română
la Curtea Veche Publishing în anul 2002.

© CURTEA VECHE PUBLISHING, 2019
pentru prezenta versiune în limba română

ISBN 978-606-44-0275-2

DE ACELAȘI AUTOR,
LA CURTEA VECHE PUBLISHING:

DINCOLO DE VÂRF

CURS DE VÂNZĂRI

SECRETUL CĂSNICIEI FERICITE

GÂNDEȘTE OPTIMIST ÎNTR-O LUME CENUȘIE

PUTEM CREȘTE COPII BUNI ÎNTR-O LUME NEGATIVĂ!

ALTE MOTIVE PENTRU A ZÂMBI

DE LA BINE LA EXCELENT

*Tu, ..., vei găsi în aceste mesaje
încurajarea zilnică de care ai nevoie
pentru a-ți urma visurile.*

Pentru Bernie Lofchick, „fratele Bern",
persoana cea mai optimistă pe care
o cunosc și un izvor nesecat
de încurajare. El a crezut în mine
înainte ca eu să cred.

CUVÂNT-ÎNAINTE

DR. BUCKNER FANNING SUBLINIAZĂ faptul că o parabolă este o povestire simplă cu un înțeles complex. Și ne împărtășește următoarea parabolă, preluată direct din benzile desenate ale lui Charles Schulz cu personajele „arahide". Primul cadru înfățișează o noapte întunecată; cățelul Snoopy stă în căsuța lui. Se duce la ușa din față a lui Charlie Brown și o lovește cu laba. Charlie Brown se uită pe fereastră și spune: „Iar te simți singur?" În următorul cadru, Charlie Brown și Snoopy se plimbă împreună, iar Charlie îi spune cățelului: „E un simțământ îngrozitor, nu-i așa?" În următoarea imagine, sunt amândoi în pat, cu păturile trase, iar Charlie Brown încearcă să-și îmbărbăteze tovarășul deprimat, spunând: „Te trezești în toiul nopții și totul pare lipsit de speranță. Ești complet singur." Snoopy își trage și mai mult pătura peste cap. Charlie Brown spune: „Te întrebi ce sens are de fapt viața și de ce ești aici. Oare îi pasă cuiva cu adevărat? Privești țintă în întuneric și te simți complet singur." În ultimul cadru, Snoopy se uită la Charlie Brown și întreabă tânjind: „Avem prăjituri de noapte?"

Din când în când, cu toții avem nevoie de „prăjituri de noapte". Scopul acestei cărți este să vă ofere niște „prăjituri de noapte" și să vă convingă să le dăruiți și altora. „Prăjiturile de noapte" sunt în esență încurajări sau interludii plăcute care pot produce o schimbare în viața oamenilor. *Dicționarul american al limbii engleze, Noah Webster 1828* (la care mă voi referi de mai multe ori în această carte) definește *schimbarea* ca fiind „faptul de a da unui lucru altă formă, alt aspect; modificare, transformare". A *produce* înseamnă a face ceva ce nu exista înainte, a crea, a înființa.

Uneori veți produce o schimbare în moduri neașteptate și inexplicabile. În timp ce citiți aceste parabole și aplicațiile lor, vă veți spune adesea: „Dacă el poate, atunci pot și eu", „Dacă ea poate, pot și eu." Este primul pas în a produce o schimbare.

Îmi place foarte mult povestea despre o clasă de studenți la sociologie care a studiat peste 200 de băieți, majoritatea originari din centrul orașului Baltimore, Maryland. În urma studiului, studenții au ajuns la aceeași concluzie cu privire la fiecare dintre băieți: „N-are nicio șansă." Douăzeci și cinci de ani mai târziu, un alt profesor de sociologie a întreprins un studiu de urmărire și a reușit să găsească 180 din cei 200 de băieți. Dintre aceștia, 176 deveniseră medici, avocați, oameni de afaceri de succes etc. Când au fost întrebați cum de au reușit să răstoarne prezicerile legate de viitorul lor, răspunsul tuturor a fost în esență același: „Am avut o profesoară ..." Profesorul de sociologie a dat de urma ei și a întrebat-o cum reușise să aibă o asemenea influență asupra atâtor tineri. Ea pur și simplu a zâmbit și a spus: „Îi iubeam pe băieții aceia."

CUVÂNT-ÎNAINTE

Speranța mea este că prin această carte veți intra în contact cu dragostea celor despre care vă vorbesc și cu ceea ce au însemnat poveștile lor pentru atâția oameni. Dacă puneți în aplicare cele învățate și îmi împărtășiți povestea voastră e posibil să o regăsiți într-o viitoare carte.

INTRODUCERE

ACEASTĂ CARTE ÎȘI PROPUNE câteva obiective clare. În primul rând, după cum o spune și titlul ei, dorește să vă ofere un cuvânt de încurajare zilnic, care este combustibilul speranței. De asemenea, vă va oferi motive pentru a zâmbi și, uneori, chiar pentru a izbucni într-un râs sănătos. Fiecare pagină este destinată a împlini o nevoie a voastră, care poate că astăzi nu e evidentă, dar se va manifesta la un moment dat în viața fiecăruia.

Firmele pot folosi pagini din această carte pentru a organiza întruniri de vânzări, ședințe de personal sau întruniri de departament. La aceste scurte întâlniri, cineva poate să citească sau să explice povestea și oamenii pot face schimb de idei despre cum se aplică acele concepte în situația respectivă. Soții și soțiile își pot citi cartea unul altuia, la micul dejun sau la cină, creând astfel o mai mare apropiere între ei. Profesorii o pot împărtăși elevilor, iar în unele companii se pot face fotocopii pentru a le înmâna fiecărui angajat. Oameni de toate profesiile pot împărtăși pasajele preferate prietenilor sau membrilor familiei care au nevoie de un cuvânt de încurajare. Pe scurt, aceste mesaje pot fi folosite în multe feluri pentru a vă încuraja pe voi înșivă și pe alții.

Într-o lume atât de negativă, sunt convins că zilnic avem nevoie de ceva care să ne învingă negativismul. Cred că veți găsi cuvinte de încurajare care vor produce o schimbare în viața voastră.

Vă invit nu doar să citiți cartea, ci să o disecați pagină cu pagină. Vă sugerez să țineți un pix la îndemână și să însemnați anumite gânduri și idei. Astfel, când veți avea ocazia să folosiți o povestire, un exemplu, o ilustrare sau o glumă, banca voastră de date va fi pregătită.

Cu siguranță că ultimele gânduri pe care le depănăm în minte chiar înainte de a adormi au o influență asupra noastră. Așadar, chiar înainte de a merge seara la culcare, citiți unul dintre aceste mesaje și concentrați-vă asupra lui. Dacă v-ați uitat la știrile de seară, ați face bine să citiți mai multe pagini și să meditați la cele citite înainte de a stinge lumina.

1
Urmează liderul

SUNT PRIMUL CARE RECUNOAȘTE că oile nu sunt cele mai inteligente creaturi de pe pământ, dar uneori mă întreb ce se poate spune despre unii dintre noi, oamenii. Când păstorii vor să-și ducă turma de pe o pășune pe alta, dacă e vreun obstacol pe drum, lasă o capră să deschidă drumul și aceasta va sări peste obstacol. Oile o vor urma în mod conștiincios. Și mai interesant este că, dacă dau la o parte obstacolul, oile vor continua să sară ca și cum acesta ar fi încă acolo.

Într-o oarecare măsură, oamenii sunt la fel. La Kuala Lumpur, în Malaysia, s-a organizat un cros pe o distanță de 11 km. După două ore de la începerea cursei, la locul de sosire nu se vedea niciun alergător, așa că organizatorii s-au gândit că poate s-a întâmplat ceva. S-au urcat în automobile și au pornit în căutarea alergătorilor; i-au descoperit la cel puțin 10 km distanță, alergând într-o direcție greșită. De fapt, unii dintre ei parcurseseră deja peste 16 km. A. J. Rogers, unul dintre organizatorii cursei, a declarat că, aparent, încurcătura s-a produs când alergătorul aflat în frunte a luat-o în direcție greșită la al cincilea punct de control, iar restul alergătorilor l-a urmat.

Experiența este un profesor dur: Întâi dă testul, apoi predă lecția.

John Maxwell din San Diego, California, spune că pe parcursul vieții sale un om obișnuit influențează, direct sau indirect, zece mii de alți oameni. Cei aflați în poziții de conducere influențează cu mult mai mulți. Iată motivul pentru care conducerea presupune o imensă responsabilitate — aceea de a te asigura că te îndrepți în direcția potrivită, că hotărârile pe care le iei sunt bazate pe voință și că ai ales un drum bun. Când iei o decizie, aceasta va influența, direct sau indirect, nenumărate alte persoane. Deciziile potrivite luate de persoanele potrivite pot avea o influență pozitivă asupra oamenilor, așa că... luați decizii bune.

N-o vei lua niciodată înaintea altora atâta vreme cât încerci să le-o plătești.

2
Ambiția — bună sau rea?

AM CONVINGEREA CĂ AMBIȚIA, alimentată de compasiune, înțelepciune și integritate, este o forță însemnată care ne conduce spre mai bine. Va pune în mișcare forța întreprinzătoare și va deschide ușa posibilităților pentru tine și pentru mii de alți oameni. Dar când e alimentată de lăcomie și dorință de putere, ambiția e o forță distructivă care, în cele din urmă, poate produce un rău ireparabil celui care o nutrește și celor din preajma sa.

A spune că ambiția ne poate înălța sau distruge este mai mult decât un simplu clișeu. Ambiția ne înalță atunci când auzim cuvintele lui Henry Van Dyke, care a spus: „Există o ambiție mai măreață decât aceea de a sta cu fruntea sus. Este ambiția de a te apleca și a ridica omenirea puțin mai sus." George Matthew Adams a remarcat că „cel mai sus ajunge acela care-l ajută pe un altul să urce". John Lubbock a spus-o în felul următor: „Să faci ceva, oricât de neînsemnat, pentru ca oamenii din jur să devină mai fericiți și mai buni este cea mai mare ambiție, cea mai înălțătoare speranță ce poate însufleți o ființă umană."

În timpul copilăriei petrecute în Yazoo City, Mississippi, i-am auzit deseori pe mama mea și pe bărbatul pentru care lucram la băcănie cum descriau pe cineva prin cuvintele: „Este un tânăr extrem de ambițios" sau „Are foarte multă ambiție." După tonul vocii, se vedea că apreciau foarte mult această trăsătură a persoanei. Am înțeles implicit că era vorba de ambiție alimentată de compasiune, înțelepciune și integritate. Pe de altă parte, deseori i-am auzit spunând: „E un om drăguț, dar n-are niciun pic de ambiție."

Problema este lipsa unui scop, nu lipsa de timp. Cu toții avem 24 de ore pe zi.

Din punctul meu de vedere, faptul că oamenii care au o aptitudine — inclusiv cei care citesc aceste cuvinte — și nu o folosesc reprezintă una dintre realele tragedii ale vieții. Bine-cunoscuta butadă din medicină „Funcția creează organul" este cum nu se poate mai adevărată. Pe scurt, ambiția, alimentată de compasiune și de un scop, poate fi o forță însemnată care ne conduce spre mai bine.

„Acolo era atât de frig", spuse un om, „încât flacăra lumânării a înghețat și n-am putut s-o mai stingem." „Asta nu-i nimic", spuse celălalt. „Acolo unde eram noi, cuvintele ne ieșeau din gură sub forma unor bucățele de gheață și a trebuit să le prăjim ca să înțelegem despre ce vorbeam." (revista Courier Journal)

3
De la fiică de culegător la rector universitar

MAMA MEA AVEA O VORBĂ: „Chiar dacă lăstarul e strâmb, copacul va creşte." Cred că Ruth Simmons, noul rector al faimosului Smith College din Massachusetts, este exemplul clasic care susţine adevărul acestei afirmaţii. De asemenea, este o personificare a Visului American şi o dovadă vie că acesta n-a pierit şi e bine sănătos în America.

În copilărie, doamna Simmons i-a spus unei colege că într-o zi va fi rector universitar. Era o afirmaţie remarcabilă din partea celui de-al doisprezecelea copil al unui culegător din Texas, care muncea la câmp. Pe-atunci nu ştia că avea să fie vorba despre una dintre cele mai respectate şcoli din ţară. Ea este prima femeie americană de culoare ajunsă în fruntea unui colegiu sau a unei universităţi de prestigiu. Cum femeile rector — în special cele de culoare — sunt un lucru destul de rar, haideţi să vedem ce s-a întâmplat.

Toţi suntem modelaţi de aşteptările celorlalţi.
Trăim la nivelul a ceea ce cred ceilalţi despre noi

și despre posibilitățile noastre. De fapt, ceea ce cred alții despre noi este deseori mai important și ne influențează mai puternic decât ceea ce credem noi înșine.

Majoritatea povestirilor despre succes încep cu părinții, în acest caz cu mama. Aceasta accentua cât de important este să ai caracter și tărie morală și să prețuiești „anumite lucruri legate de felul în care îi tratezi pe oameni". Apoi, dra Simmons a spus: „M-am străduit mult în tot ce făceam, dar asta nu fiindcă voiam să iau note bune... nu fiindcă aș fi căutat apreciere sau bogăție... ci fiindcă așa am fost învățată." Medicul Ross Campbell spune că 80% din caracterul unui copil este deja format la vârsta de 5 ani și povestea drei Simmons pare să confirme acest lucru.

Comitetul de selecție de la Smith College a subliniat faptul că dra Simmons n-a fost selectată fiindcă era o femeie de culoare. Peter Rose, un membru al comitetului, a afirmat: „Am dorit să avem la dispoziție o gamă cât mai largă de opțiuni, pentru a putea selecta cea mai bună persoană. Ceea ce ne-a făcut să ne hotărâm a fost tăria acestei femei. Performanțele ei academice extraordinare. Forța personalității ei."

Permiteți-mi să vă sugerez că, dacă vă educați copiii în spiritul unor valori morale puternice, ca familia Simmons, e posibil să creșteți un viitor rector universitar!

Mama se plângea de amețeli, așa că tata a dus-o la doctor pentru o consultație. A terminat devreme, s-a dus la cumpărături și apoi i-a spus tatei: „Acum că mi-am cumpărat o pălărie nouă mă simt mult mai bine." „Bun", spuse tata. „*Eşti îmbrăcată din cap până-n picioare şi nu mai ai ameţeli.*" (trimisă la *Reader's Digest* de Betty Booher Jones)

4
Puterea cuvântului

DESEORI DEVENIM ATÂT DE PRAGMATICI, încât nu mai reușim să fim eficienți. Cu ani în urmă, redactorul-șef de la *Dallas Morning News* le-a atras atenția redactorilor rubricilor de sport că nu e bine să folosească diminutivul „Bill" în loc de William și „Charlie" în loc de Charles. Luând-o *ad litteram*, unul dintre acești redactori, pe vremea când Doak Walter de la Southern Methodist University era în plină glorie, a scris despre un meci important. În articolul lui, spunea că în cel de-al treilea sfert Doak Walter a părăsit jocul cu un „Charles horse"[1]. Cred că sunteți de acord cu mine că povestea și-a pierdut o parte din înțeles fiindcă s-a folosit „Charles horse".

> Un comitet este un grup de persoane care separat nu pot face nimic, dar care se întrunesc și hotărăsc că nu e nimic de făcut.
> GUVERNATORUL ALFRED SMITH

---

[1] Charlie horse (engl.) = crampe musculare.

Poate cea mai mare absurditate este cea relatată într-un articol dintr-o publicație națională, în care autorul povestește ce s-a întâmplat când a pus calculatorul să analizeze discursul lui Lincoln de la Gettysburg. Întâmplător, discursul conținea 362 de cuvinte, dintre care 302 de o singură silabă. Este un discurs simplu și direct, dar plin de forță și foarte eficient.

Însă calculatorul a făcut câteva recomandări despre cum ar fi trebuit să fie ținut de fapt discursul. De exemplu, calculatorul a decis că expresia „peste opt decenii" e prea vagă și a sugerat „peste 80 de ani". Eficiența în ceea ce privește precizia este evidentă, dar și mai evidentă este pierderea în ceea ce privește efectul, forța, dramatismul și pasiunea. Când Lincoln a spus „Suntem implicați într-un mare război civil", calculatorul a pus întrebarea dacă este justificat cuvântul „mare". Și asta în ciuda faptului că națiunea a înregistrat 646 392 de victime, dintre care 364 511 morți. Calculatorul a declarat că frazele erau prea lungi și a criticat afirmația „că nu vom putea uita niciodată ce s-a întâmplat la Gettysburg" ca fiind negativă. Cred că suntem cu toții de acord că elocvența și caracterul dramatic, împreună cu pasiunea, logica și bunul-simț, sunt mult mai eficiente în a-i inspira pe oameni să facă lucruri mărețe decât precizia tehnică.

Gândiți-vă la asta. Știind ce putere au cuvintele, folosiți-le cu atenție. Veți face foarte multe pentru omenire.

În toiul iernii, la stația meteorologică sosește o notă: „Tocmai am îndepărtat de pe alee un metru de cer parțial noros."

5
Aspectul contează

CONFORM UNUI STUDIU RECENT, felul în care arătăm are o influență directă asupra salariului. Cercetătorii au studiat datele de angajare pentru 7 000 de adulți. Au împărțit grupul în trei categorii, după înfățișare, apoi au comparat salariile celor cu posturi similare din fiecare categorie. Cei cu o înfățișare socotită sub medie câștigau mai puțin decât cei din categoria medie. Cei apreciați ca având o înfățișare medie câștigau mai puțin decât cei cu o înfățișare mai plăcută decât media.

Oamenii umili nu se gândesc că sunt mai prejos decât alții; pur și simplu se gândesc la ei înșiși mai puțin decât alții.

Aspectul se referă la multe lucruri. Stilul și caracterul ordonat al îmbrăcămintei, strălucirea pantofilor, dungile de la cămașă, culorile pe care le porți și o sumedenie de alte lucruri influențează evaluarea înfățișării tale. Contează și felul în care vă coafați, machiajul și toate elementele legate de îngrijirea personală. Însă cel mai important factor este zâmbetul, urmat îndeaproape de atitudine și de simțul umorului. Un simț al umorului bun și o atitudine pozitivă sunt deosebit de importante atunci când urci pe treptele cele mai înalte din lumea afacerilor.

Adevărul este că oamenii sunt promovați de oameni. Există multe dovezi că, dintre oamenii cu aceleași aptitudini profesionale, îl vom alege pe cel care ne place și nu pe cel față de care avem o atitudine neutră sau negativă. Întrebarea este: „De cine ne place?" Cred că veți fi de acord că oamenii simpatici, veseli și optimiști au mai multe șanse să fie plăcuți decât cei înclinați spre o atitudine severă sau chiar negativă. La fel de adevărat este că o persoană veselă și optimistă va face mai multă treabă și va obține mai multă cooperare din partea tovarășilor săi de lucru decât o persoană negativistă. E o chestiune de natură practică: patronii îi caută pe cei care „corespund", fac mai multă treabă și sunt niște oameni plăcuți.

Așadar, fie ca hainele cele mai bune să fie însoțite întotdeauna de un zâmbet, o atitudine extraordinară și simțul umorului. Încercați și pot să pun pariu că vă veți alătura celor cu un salariu și un succes în viață deasupra mediei. Urmați-mi sfatul.

Un optimist crede că paharul este pe jumătate plin; un pesimist crede că paharul este pe jumătate gol. Un realist știe că, dacă stă prin preajmă, până la urmă oricum va trebui să spele paharul. (Sindicatul *Los Angeles Times* în *Executive Speechwriter Newsletter*)

6
De ce să ne facem griji?

ÎNGRIJORAREA A FOST DESCRISĂ CA „dobânda plătită pe probleme înainte de scadență". Unul dintre cei mai mari dușmani ai Americii este îngrijorarea. Îngrijorarea este ca un balansoar: necesită foarte multă energie și nu te duce nicăieri. Leo Buscaglia a spus: „Îngrijorarea nu alungă amărăciunea zilei de mâine, dar răpește bucuria zilei de azi."

Întrebare: Aveți obiceiul să vă faceți griji? Americanii iau mai multe pilule pentru a uita de mai multe griji legate de mai multe lucruri decât înainte și mai mult decât orice alt popor din istorie. Mare păcat. Dr. Charles Mayo spunea: „Îngrijorarea afectează circulația sângelui și întregul sistem nervos. N-am întâlnit niciodată un om care să moară de prea multă muncă, dar am întâlnit mulți care au murit de îndoială." Îndoiala produce întotdeauna îngrijorare și, în majoritatea cazurilor, lipsa informației o sporește.

Viața este în mare măsură ca un cadou de Crăciun. Ai mai multe șanse să primești ceea ce te aștepți decât ceea ce-ți dorești.

Din punct de vedere matematic, îngrijorarea n-are absolut niciun sens. Psihologii și alți cercetători ne dau de știre că circa 40% dintre lucrurile cu privire la care ne facem griji nu se vor întâmpla niciodată, iar 30% deja s-au întâmplat. În plus, 12% dintre grijile noastre sunt temeri nefondate privind sănătatea. Un alt procent de 10% se referă la diversele frământări zilnice care nu duc nicăieri. Așa că rămân doar 8%. Spus la modul cel mai simplu, americanii își fac griji 92% din timp fără niciun temei real și, dacă dr. Mayo are dreptate, asta ne omoară.

O soluție pentru a reduce starea de îngrijorare este următoarea: nu vă faceți griji în legătură cu ceea ce nu puteți schimba. De exemplu: timp de ani întregi am parcurs cu avionul peste două sute de mii de mile pe an. Uneori zborurile sunt anulate sau amânate. Chiar acum, în timp ce scriu aceste cuvinte, stau pe pista de decolare așteptând să se elibereze poarta. Dacă îmi fac griji sau mă înfurii, asta nu va schimba nimic. Dacă fac ceva constructiv și închei acest capitol, am făcut un pas înainte. Este un mod pozitiv de a folosi energia pe care aș fi consumat-o dând curs unor stări de mânie, frustrare sau îngrijorare.

Mesajul este limpede: Dacă nu vă place situația, nu vă îngrijorați și nu vă frământați — faceți ceva pentru a rezolva problema. Aveți nevoie de mai puține griji și de mai multă acțiune.

Ce le-aș spune celor care doresc să fie bogați și celebri: „Mai întâi îmbogățiți-vă și apoi vedeți dacă asta nu e de ajuns."
(Bill Murray)

7
Să-ți legi șireturile

ROGER CRAWFORD NU ȘI-A PUTUT lega șireturile de la pantofi până la vârsta de 16 ani, și chiar și atunci asta s-a datorat firmei Velcro[1]. Dar excela în alte domenii cum ar fi sportul, devenind un jucător de tenis extraordinar. În liceu a fost jucător campion, câștigând peste 95% dintre meciurile jucate. La facultate a continuat în aproape același ritm și a reușit ca jucător profesionist.

Dacă vă uitați la Roger, vă dați seama că are un handicap. Însă după cum spune el, handicapurile celor mai mulți oameni sunt invizibile, dar la fel de reale și, în majoritatea cazurilor, mai însemnate decât al lui.

Unii oameni găsesc greșeli de parcă vor fi răsplătiți pentru asta. Alții văd binele în orice problemă.

---

[1] Companie americană specializată în tehnologii și sisteme de prindere folosite la scară mondială în industrie.

Roger s-a născut fără jumătatea de jos a unui picior. În plus, nu are două mâini întregi, cu cinci degete la fiecare. De fapt, în locul degetelor are numai două falange, pe care însă le foloseşte pentru a realiza nişte lucruri cu totul remarcabile. Roger nu se plânge de ceea ce nu are, ci foloseşte din plin ceea ce are. Această atitudine i-a permis să devină primul atlet cu handicapuri severe care a concurat într-un sport din divizia NCAA[1].

Roger nu pretinde că ar fi uşor, dar pentru cei mai mulți dintre noi viața nu e decât rareori uşoară. În ziua de azi, Roger este unul dintre cei mai buni oratori din țară, un autor de foarte mare succes şi tată de familie. Ține discursuri la firme din aproape întreaga lume, de la companii din topul Fortune 500[2] la asociații de comerț şi educative. Vă sugerez tuturor să luați exemplu de la Roger Crawford.

Politicienii se laudă că vor să pună economia pe roate. Evident, nu ştiu să deosebească roțile de butuci.

---

[1] National Collegiate Athletism Association (Asociația Națională Studențească de Atletism).

[2] Topul celor mai importante 500 de companii în America.

8
Liderii acceptă responsabilitatea

HAKEEM OLAJUWON ESTE PIVOTUL echipei Houston Rockets, câștigătorii titlului Asociației Naționale de Baschet în 1994 și 1995. Cu un an înainte de a câștiga primul campionat în meciul cu echipa New Yorks Knicks, Hakeem și-a dat seama că, fiind liderul echipei, are o responsabilitate mai mare decât oricine altcineva. A recunoscut că stilul său de joc avea o deficiență, și anume lovitura de la cinci metri. Gândiți-vă numai! Câștiga milioane de dolari pe an și fusese campion profesionist timp de șase ani la rând. Însă avea sentimentul că echipa sa nu avea să câștige un campionat până când nu-și va îmbunătăți lovitura de la cinci metri.

Adevărata răsplată pentru un lucru bine făcut este chiar faptul de a-l fi realizat.

Înaintea sezonului 1993–1994, s-a dus la sala de gimnastică în fiecare zi și a exersat 500 de lovituri de la cinci metri.

A fost un test incredibil pentru a-și clădi forța, rezistența și a-și îmbunătăți performanțele. În 1994, când Houston Rockets a învins New York Knicks în șapte meciuri, într-un singur meci diferența de scor a fost de peste cinci puncte. Reluările au relevat faptul că dacă Hakeem nu și-ar fi îmbunătățit procentul de lovituri reușite de la cinci metri, în locul echipei lui ar fi câștigat New Yorks Knicks.

Iată câteva întrebări la care să vă gândiți: în primul rând, credeți că Hakeem se bucură de popularitate în rândul colegilor datorită efortului suplimentar pe care l-a făcut ca să asigure victoria echipei sale? În al doilea rând, credeți că Hakeem a fost emoționat când a câștigat acel campionat mondial? Iar în al treilea rând, înțelegeți de ce a primit o mărire de salariu semnificativă atunci când i s-a reînnoit contractul?

E adevărat: puteți obține tot ce vreți de la viață dacă ajutați suficienți oameni să obțină ceea ce vor. Hakeem și-a ajutat colegii de echipă, șefii și fanii să câștige acel campionat. Câștigul lui a fost enorm, fiindcă și el făcea parte din echipa câștigătoare și, de fapt, a fost numit jucătorul cel mai valoros datorită eforturilor sale extraordinare.

Dacă dosul pantalonilor ți se tocește înaintea tălpilor de la pantofi, înseamnă că nu valorifici partea potrivită a corpului. (Anonim)

9
Prevenirea — cel mai bun „remediu" pentru dependență

FOSTUL REGE AL DROGURILOR William Bennett afirmă că putem face ceva pentru a-i împiedica pe copiii noștri să folosească droguri. După părerea lui, copiii care comunică bine cu părinții, care merg la biserică în mod regulat și se implică în activități extrașcolare (sport, formații muzicale, grupuri de discuții etc.) rareori încearcă să se drogheze. Ne îndeamnă să-i implicăm tot timpul într-o activitate și să le reamintim că sunt ființe morale și spirituale. Ne îndeamnă să le spunem că abuzul de droguri reprezintă o degradare a caracterului și a spiritului, ceva nedemn de ei.

Dacă oamenii nu au un comportament responsabil în viața personală, e foarte posibil să fie iresponsabili și la lucru.
STEPHEN F. ARTERBURN

Iată și alte câteva idei interesante de la specialistul în droguri dr. Forest Tennant. După părerea lui, în viața unui om ordinea este extrem de importantă. Ne recomandă să avem o structură și un program centrat pe activități pozitive. Pentru tineri, lucruri cum ar fi prânzul în familie, orele regulate de trezire și de culcare și un timp bine stabilit pentru studii pot fi de mare ajutor. De asemenea, subliniază faptul că îi putem învăța pe copii ceea ce știm, dar ei vor copia ceea ce suntem. Dacă luați droguri, sunt șanse mult mai mari ca și copiii dvs. să încerce să consume droguri și eventual să devină dependenți.

Mai precis, dr. Tennant spune că atunci când copiii vă văd consumând bere sau cocktailuri, ei cred că o faceți pentru a vă reorganiza gândirea. Vor privi acest lucru ca pe ceva de dorit, iar conceptul de a se droga li se va părea ceva perfect acceptabil. Dr. Tennant scoate în evidență faptul că tutunul și alcoolul sunt în mod invariabil drogurile „ușoare" care conduc la droguri ilegale. Acest fapt este susținut de un articol din *U.S. News & World Report*, unde se afirmă că rareori se întâlnesc persoane care să consume droguri interzise și care să nu fi început cu tutun și/sau alcool.

Sfaturile lui William Bennett, împreună cu gândurile doctorului Tennant, sunt niște sugestii extraordinare și demne de a fi luate în seamă de orice părinte.

Familiile, companiile și vecinii ar trebui să se adune la un loc. Nu uitați, banana poate fi decojită doar când nu se mai află în mănunchi.

10
…Cade, dar se ridică

A INTRAT ÎN COMĂ DE TREI ORI în drum spre spital, după o coliziune frontală a motocicletei sale cu o mașină care îi tăiase brusc calea. Vorbesc despre un tânăr deosebit pe nume Billy Wright, dar să n-o iau înaintea poveștii.

Pe când era la facultate, Bill l-a convins pe tatăl lui să-i semneze o notă de plată de 125 000 de dolari pentru o afacere de vândut motociclete. După ce a semnat nota, și-a dat seama că nu are experiență în vânzare directă. S-a dus la librării, a cumpărat o grămadă de cărți despre vânzare și motivație și le-a studiat. A hotărât că metoda cea mai bună de a pune pe picioare o afacere erau vânzările repetate, așa că s-a implicat în vânzarea directă și a cultivat relațiile cu toți clienții săi. În primul an a câștigat 250 000 de dolari, iar după opt ani câștiga 1,5 milioane de dolari pe an. Circa 80% din vânzări erau pentru clienți care mai cumpăraseră și altă dată. Totul mergea bine — și apoi a urmat accidentul.

Trecutul este important, dar nu îndeajuns de important pentru a vă controla viitorul.

Billy a fost în stare de inconștiență timp de patru luni și jumătate. Rănile sale erau atât de grave, încât medicii au spus că, dacă ar fi fost fumător și n-ar fi avut o condiție fizică atât de bună, n-ar fi supraviețuit.

În cursul celor patru luni și jumătate de comă, a pierdut 35 de kilograme. În primul an după ce și-a revenit, a urmat ceea ce el numește cea mai însemnată perioadă educativă din viața lui. Soția i-a adus cărți și casete, iar în următoarele 12 luni Billy a învățat mai multe decât în toți ceilalți 27 de ani ai vieții sale. Era un punct de cotitură și l-a pregătit pentru ceea ce avea să urmeze.

Trauma și cheltuielile au fost imense și a pierdut aproape totul, inclusiv soția, banii și afacerea, dar nu și-a pierdut atitudinea pozitivă și voința de a învinge. În ziua de azi își construiește o carieră de succes în domeniul afacerilor cu automobile.

Perfect adevărat. Omul care nu se dă bătut nu poate fi învins. Adoptați această idee și păstrați-vă atitudinea potrivită.

Soțul către soție: „De 16 ani de când suntem căsătoriți n-am reușit să fim de acord cu nimic." Soția răspunse: „De 17 ani." (Executive Speechwriter Newsletter)

11
Puterea atitudinii

PRIETENUL ȘI ASOCIATUL MEU John Maxwell spune: „Nu subestimați niciodată puterea atitudinii. Este ceea ce vom deveni. Rădăcinile sale sunt în interior, dar roadele sale în exterior. Este prietenul nostru cel mai bun sau cel mai rău dușman. Este ceva mai cinstit și mai consecvent decât vorbele noastre. Felul în care se manifestă în exterior depinde de experiențele noastre din trecut. Este ceea ce îi atrage pe oameni către noi sau îi respinge. Nu e mulțumită până când nu se exprimă. Este bibliotecarul trecutului, oratorul prezentului și profetul viitorului nostru."

Nu încheiați o întrunire până când n-ați încredințat fiecare problemă unei persoane potrivite și nu ați stabilit un termen. O decizie fără un termen de finalizare este o discuție fără rost.

Mulți oameni au afirmat că atitudinea este mai importantă decât faptele, iar cercetătorii au stabilit faptul că circa

85% dintre motivele pentru care obținem slujbe și progresăm în aceste slujbe sunt legate de atitudinea noastră. Din nefericire, printre foarte mulți tineri din ziua de azi, când se discută despre atitudine, în general e vorba de o atitudine proastă.

Atitudinea este cheia educației. Este cheia unei bune înțelegeri cu ceilalți și a progresului în viață. Pentru elevul cu o atitudine potrivită, dorința de a învăța reprezintă mai mult decât obiectivul de a trece anul. Un muncitor cu o atitudine bună va învăța să-și facă treaba mai bine și cu mai multă plăcere. Soțul sau soția cu o atitudine potrivită va trata situațiile dificile într-un mod mult mai eficient, ceea ce va îmbunătăți semnificativ relația. Medicul cu o atitudine bună îi va putea ajuta mai bine pe pacienți.

În orice situație de egalitate sau când există îndoieli, antrenorul îl va alege întotdeauna pe atletul cu cea mai bună atitudine. Așa vor proceda și patronul, și bărbatul sau femeia care își caută un tovarăș de viață. Mesajul: Construiți-vă o atitudine de învingător.

Când i s-a cerut să facă curat în camera sa, adolescentul răspunse, simulând descurajarea: „Ce spui? Vrei să stric echilibrul ecologic natural al mediului meu de viață?"
(Dorothea Kent)

12
Conducătorii sunt manageri

AUZIM O MULȚIME DE DISCUȚII, citim o sumedenie de articole și vedem un număr uluitor de cărți despre conducere și management. Deși sunt funcții diferite, liderii trebuie să știe multe amănunte despre management, iar managerii, la rândul lor, trebuie să știe multe despre conducere. Peste 98% dintre companiile americane sunt compuse din mai puțin de 100 de persoane. Marea majoritate nu au mai mult de 50 de angajați. Aceasta înseamnă că rolurile de conducător și de manager deseori cad pe aceiași umeri. Prin urmare, este absolut necesar ca fiecare dintre acești oameni să știe câte ceva despre conducere și despre management. E un lucru valabil și în cazul familiilor.

Vino cu idei și tratează-le regește, fiindcă unele dintre ele pot fi adevărați regi.
MARTIN VAN DOREN

În lumea afacerilor, managerul este cel care stă în tranșee și în linia întâi și-și murdărește mâinile. Pe umerii lui cad responsabilitățile zilnice ale lucrului eficient cu oamenii. El se asigură că ceea ce trebuie făcut va fi îndeplinit într-un mod eficient și la timp. Pe de altă parte, conducătorul îl încurajează pe manager, iar managerul pune în aplicare programul conducătorului.

Acesta este înconjurat de o aură care deseori este asociată cu faptul de a fi capul organizației. Managerul își expune defectele în discuțiile zilnice cu oamenii săi și folosește disciplina atunci când e necesar. Acesta e unul dintre motivele pentru care conducătorul trebuie să-l susțină tot timpul pe manager și rolul său, astfel încât mesajul să ajungă integral la întreaga echipă. În plus, conducătorul trebuie să înțeleagă că așa cum îl tratează pe manager îi va trata și acesta pe oamenii lui, iar aceștia îi vor trata la fel pe clienți.

În cazul ideal, conducătorul sporește eficiența managerului, iar acesta sporește eficiența conducătorului. Conducătorul oferă managerului responsabilitate, autoritate, sprijin și încurajare. Se poate spune că cei care conduc sunt sclipirea de încurajare ce aprinde flacăra speranței în cineva care, la rândul său, o va da mai departe. Dacă aspirați la poziția de conducător, puneți în aplicare această idee.

Băiatul meu adolescent s-a împăcat, în fine, cu sine însuși, dar se luptă în continuare cu toți ceilalți. (Family Life)

13
Faptele sunt întotdeauna mai tari decât vorbele

POATE CĂ AȚI CITIT POVESTEA, dar apoi nu i-ați mai dat atenție. Era interesant, fascinant, incredibil și însuflețitor. La momentul respectiv, probabil v-ați gândit: *Poate ar trebui să încerc să fac ceva mai mult în viață.*

Scriu despre faptul că, în 1986, Dick Rutan și Jeana Yeager au zburat non-stop în jurul lumii — parcurgând în total 24 987 de mile — într-un avion de o construcție aparte, având un motor neobișnuit de mic și aripi extrem de mari. Nu mai e nevoie să spun că au fost necesare luni întregi de pregătire și nenumărate ore extenuante de frământare în timpul planificării călătoriei. Au existat, de asemenea, câteva momente extrem de încordate, când o pompă electrică destinată alimentării cu combustibil a cedat. Pe drum, o turbulență neașteptată a proiectat-o pe Jeana în peretele cabinei, lovitură în urma căreia s-a ales cu câteva răni ușoare, dar cei doi au reușit și chiar au ajuns la destinație înainte de data planificată.

Circa 50 000 de oameni s-au adunat la baza forțelor aeriene Edwards ca să-i întâmpine. Pentru scurtă vreme, au fost niște adevărați eroi în mințile și inimile a milioane de oameni, dar asta s-a întâmplat ieri. Așa este și viața. Întâmplător, corporația Mobil Oil le furnizase un tip de ulei sintetic pentru ceea ce a fost descris drept „cel mai dur test din istorie". Apoi Mobil Oil a cumpărat o pagină întreagă de publicitate în *USA Today* pentru a-i felicita pe cei doi piloți pentru zborul lor record. Reclama se încheia cu următoarele cuvinte: „Noi aveam convingerea că este posibil, dar voi, Dick și Jeana, ați dovedit-o și faptele sunt întotdeauna mai tari decât vorbele."

Dacă nu credeți că toate zilele sunt frumoase, încercați să pierdeți una.
CAVETT ROBERT

Nicicând n-au fost rostite cuvinte mai adevărate. Iată și alte cuvinte adevărate. Cu toate că Dick și Jeana nu mai sunt în atenția publicului și milioanele de oameni care i-au aplaudat pentru realizarea lor nici măcar nu se mai gândesc la ei, concluzia este următoarea: ei își vor aminti toată viața că au realizat imposibilul. Aceste amintiri le vor da speranță și încurajare pentru a face și mai mult. Mesajul este clar: Asumați-vă în viață câteva riscuri calculate și dați tot ce aveți mai bun în voi.

Oricine poate fi perseverent dacă se ține îndeajuns de treabă.

14
Are 85 de ani, dar cine stă să țină socoteala?

BOB CURTIS ESTE UN BĂRBAT plin de viață în vârstă de 85 de ani, care s-a însurat la 80 de ani. Faptul în sine este remarcabil, dar foarte recent Bob a întreprins o călătorie de misionarism în Kenya, al cărei ritm i-ar fi adus la epuizare pe mulți oameni având doar jumătate din vârsta sa. În cruciada sa de șase săptămâni, Bob a străbătut cu căruța, vreme de opt zile, ulițele satelor de lângă Nairobi, capitala Kenyei, fiindcă nu erau nici automobile, nici străzi pavate.

Atitudinea și aptitudinile determină altitudinea la care ajungeți.

În ziua de azi, Bob continuă să lucreze la cele trei slujbe pe care le-a obținut pentru a-și finanța călătoria în Kenya. În fiecare săptămână lucrează trei zile consecutive, câte zece ore pe zi, ca șofer pentru o firmă de licitație de automobile;

sâmbetele sunt dedicate unei firme de servicii funerare din Dallas; și lucrează, de asemenea, ca reprezentant local de vânzări pentru o companie dentară. Cu atitudinea sa extraordinară, Bob zâmbește și spune: „Fac orice e nevoie. Dacă sunt în stare, o voi face", iar acesta pare să fie principiul său călăuzitor în viață.

Bob știe că sfârșitul vieții sale e doar o chestiune de timp, așa că în timp ce era în Nairobi l-a instruit pe unul dintre localnici să-i continue munca. Din 1990, Bob a călătorit pe toate continentele, vizitând 21 de țări. În acest moment, plănuiește călătorii în Suedia și Franța. Bob afirmă că îi datorează lui Dumnezeu sănătatea sa bună și capacitatea de a călători în lumea întreagă. Credința sa e atât de puternică, încât spune că nu și-a făcut nicio clipă griji în timpul călătoriilor, fiind convins că, dacă Dumnezeu îi scoate în cale o problemă, atunci îi va permite să o depășească.

Cu asemenea credință și atitudine, cine știe — poate că peste zece ani voi scrie un alt capitol despre Bob Curtis și călătoriile sale în jurul lumii. Povestea lui Bob Curtis este cu siguranță un exemplu care ne însuflețește pe toți. Este un om de acțiune. Urmați exemplul și atitudinea lui Bob.

A spune că suntem într-o perioadă de ușoară redresare a economiei și nu de recesiune este ca și cum am spune că nu avem niciun șomer, ci doar o mulțime de oameni care ajung foarte târziu la slujbă. (Comicul Jay Leno, *Executive Speechwriter Newsletter*)

15
Vreau sau trebuie?

TIMP DE MAI MULȚI ANI, în fiecare dimineață la ora 10 fix, o femeie de afaceri impozantă își vizita mama într-un cămin de bătrâni. Era foarte apropiată de ea și o iubea foarte mult. Deseori i se cereau întâlniri chiar la acel moment al zilei. Răspunsul ei era mereu același: „Nu pot, trebuie să-mi vizitez mama." Apoi mama ei muri. La scurt timp după aceea, cineva îi ceru femeii o întâlnire la ora 10 dimineața. Dintr-odată, aceasta își dădu seama că nu-și mai putea vizita mama. Următorul ei gând fu: *Ah, de-aș putea să-mi mai vizitez mama măcar o dată.* Din acel moment, „trebuie" a devenit „vreau".

De cele mai multe ori găsim ceea ce căutăm.
PHIL CALLOWAY

Povestea ei ne ajută să înțelegem că lucrurile plăcute din viață sunt cele pe care „vrem" să le facem. „Astăzi vreau să joc golf", „Vreau să merg în vacanță săptămâna asta". Lucrurile care ne împovărează sunt cele pe care „trebuie" să le facem. „Mâine trebuie să merg la lucru la ora 7 dimineața" sau „Trebuie să fac curat în casă". Deoarece percepțiile ne influențează gândirea și performanța, încercați următorul lucru. În loc să spuneți „Trebuie să mă duc la lucru", gândiți-vă la cei care nu au slujbă. Apoi veți putea schimba cu entuziasm fraza în „Mâine vreau să mă duc la lucru". Dacă cineva vă invită să mergeți la pescuit, în loc să spuneți „Nu pot, sâmbătă trebuie să mă duc la meciul fiului meu", gândiți-vă că într-o zi copilul va crește și nu veți mai putea asista la meciurile lui. Apoi va fi ușor să treceți la „vreau să".

Este uluitor ce schimbare de atitudine va produce simplul fapt de a folosi alte cuvinte. Vă veți trezi deodată că abia așteptați să faceți acele lucruri pe care înainte *trebuia* să le faceți. Atitudinea diferită va duce la performanțe diferite. Iar performanțele diferite vor determina recompense diferite. Gândiți-vă deci la aceste lucruri și spuneți „vreau" în loc de „trebuie".

Dintr-o critică de carte: „Am văzut texte mai bune pe o cutie cu fulgi de grâu." (Stephanie Mansfield în *The Washington Post*)

16
De ce n-am folosi metoda care funcționează?

CONFORM UNUI ARTICOL din 15 august 1995 al lui Marvin Olasky din *Wall Street Journal*, pe 17 iulie, circa 325 de oameni au stat timp de două ore sub soarele amiezii cântând „Atunci când intră sfinții" și ascultând discursuri înflăcărate, conservatoare din punct de vedere social. Demonstranții se adunaseră pentru a apăra un program de mare succes împotriva drogurilor, numit „Provocarea adolescenților din South Texas", dar birocrații statului au cerut ca programul să fie închis, în caz contrar ei fiind pasibili de amenzi de până la 4 000 de dolari pe zi, plus detenție.

Birocrație: Un grup de oameni dezorganizați, nepricepuți, a căror unică preocupare este de a-și mări rândurile pentru a transforma energia brută în baloți de gunoi.

Timp de 30 de ani, birocrații le-au spus grupurilor pentru tratamentul dependenței de droguri că trebuie să lucreze cu consilieri profesioniști autorizați, având o pregătire teoretică, și nu cu foștii dependenți și cu alcoolicii reformați care au condus prin țară multe dintre cele 130 de consilii ale programului „Provocarea adolescenților". Sidney Watson, secretarul comitetului local din San Antonio al acestui program, spune: „Am îndrumat oamenii către consilieri autorizați, dar de obicei asta nu duce decât la renunțarea la program. Însă programul nostru schimbă vieți."

„Provocarea adolescenților" nu respectă toate documentele, tot așa cum nu toate scările au „suprafețe netede și nealunecoase", însă procentul de vindecare pe termen lung este de 67 până la 85% dintre cei ce urmează programul. În anii 1980, un departament de revizie a serviciilor umane și de sănătate a decis că „Provocarea adolescenților" este cel mai bun și cel mai puțin costisitor dintre cele trei sute de programe antidependență examinate.

„Provocarea adolescenților", care tratează clienții contra sumei de 25 de dolari pe zi față de alte programe simandicoase, care cer câte 600 de dolari pe zi și sunt mult mai puțin eficiente, nu-și poate permite niște consilieri licențiați, așa că programul a ajuns pe punctul de a fi închis.

Dyrickey O. Johnson a vizitat în repetate rânduri costisitoarele centre aprobate de stat: „Aveai propria ta cameră…. (și) ți se spunea să te concentrezi asupra minții și a voinței tale…. (dar) un dependent de droguri nu are niciun fel de voință." Johnson a revenit întotdeauna la cocaină și alcool, până când a fost la „Provocarea adolescenților". Din 1992, când a terminat programul, este „curat", iar acum este căsătorit, cu doi copii mici.

Mă bucur să vă spun că „Provocarea adolescenților" din San Antonio continuă să funcționeze, vindecând oameni și schimbând vieți.

Mesajul: Bunul-simț și aplicațiile practice sunt cele mai bune metode de a ajunge în vârf. Încercați-le pe ambele.

Din nefericire, pe unii oameni trebuie să-i asculți foarte multă vreme ca să descoperi că nu au nimic de spus.

17
Mingea poate sări așa cum vreți

DE MULTE ORI FOLOSESC EXPRESIA: „Nu contează ceea ce ți se întâmplă, ci felul în care răspunzi la ceea ce ți se întâmplă." La început, se părea că mingea nu sărise așa cum ar fi vrut Celeste Baker — dar asta numai la început. Avea o afecțiune la piciorul stâng numită distrofie simpatică reflexă, care îi provoca mari dureri. Felul în care Celeste se luptă cu problema ei este o asemenea încurajare pentru colegii ei de la Junior-Senior High School din Baldwin, Florida, încât i s-a decernat premiul „EU POT" (un premiu pentru realizări personale) pentru anul școlar 1994–1995. Următorul exemplu explică de ce.

Oamenii uită cât de repede ai terminat treaba, dar își vor aminti întotdeauna cât de bine ai făcut-o.

Într-o zi, Celeste a sunat-o pe mama ei ca să vină la școală. Presupunând că voia să meargă acasă fiindcă o durea piciorul, Keith M. Jowers, administratorul școlii, într-un efort de a o încuraja, i-a spus: „Ei bine, măcar o să pleci devreme de la școală." Celeste răspunse imediat: „A, nu, domnule Jowers, vreau doar să-mi fie aduse cârjele ca să pot merge." A refuzat să piardă restul orelor din ziua aceea.

Celeste are într-adevăr o atitudine de tipul „Eu pot". Joacă volei și în prezent face parte din echipa de înot. Chiar folosește concursurile de înot ca terapie. Iată ce spun profesorii despre ea: „Este o elevă foarte creativă și încântătoare", „A fost o adevărată plăcere să-i fiu profesor anul acesta", „Celeste este o elevă pasionată și muncitoare, pe care mă bucur că am avut-o elevă". Da, în multe feluri ea personifică atitudinea „Eu pot". Cu siguranță, felul în care abordează viața este extraordinar. Așa cum am spus, nu contează ceea ce ți se întâmplă, ci felul în care răspunzi la ceea ce ți se întâmplă. Însușiți-vă această idee și adoptați atitudinea „Eu pot".

Legile țării referitoare la puritatea aerului au apărut din „dorința oamenilor din Denver de a vedea munții și dorința oamenilor din Los Angeles de a se vedea unii pe alții". (William Ruckleshaus)

18
Conducerea care conduce

CARTEA LUI DANNY COX, *Leadership When the Heat's On* (*Conducere la turație maximă*), oferă o serie de ponturi interesante și foarte valoroase despre conducere. Iată câteva dintre ele:

În primul rând, angajații devin mai buni odată cu șeful lor și, în realitate, nu prea le pasă cât ești de deștept sau de talentat. Ceea ce contează este atitudinea ta față de ei.

În al doilea rând, liderii au un entuziasm molipsitor și, după cum subliniază Cox, dacă vă lipsește acest entuziasm, vă rog să înțelegeți că orice alt lucru pe care-l aveți este de asemenea molipsitor.

Înainte de a conduce pe altcineva, trebuie să înveți să te conduci pe tine.

În al treilea rând, când faceți o listă cu lucrurile pe care le aveți de făcut a doua zi, nu treceți la numărul doi după ce terminați cu numărul unu. Înțelegeți că acum ceea ce era numărul doi a devenit numărul unu și, din punct de vedere psihologic, devine mult mai important atunci când îi acordați o prioritate mai mare, pentru a-l face la fel de bine. Procedați la fel pentru lucrurile numărul doi, trei și așa mai departe.

Danny Cox prezintă, de asemenea, cele zece ingrediente ale rețetei conducerii: (1) o etică de nivel înalt; (2) multă energie; (3) muncă din greu; (4) entuziasm; (5) orientare pe scopuri; (6) curaj; (7) concentrare pe priorități; (8) nonconformism; (9) judecată sănătoasă; și (10) preocupare pentru dezvoltarea angajaților.

Danny afirmă că, într-un interviu luat boxerului George Foreman, i-a observat nasul și și-a dat seama că stătea lângă o persoană care înțelegea ce este durerea, așa că l-a întrebat: „Cum de ai suportat toate aceste suferințe ca să ajungi campion la categoria grea?" Foreman a răspuns: „Dacă îmi închipui foarte bine ceea ce vreau, atunci nu bag în seamă că mă doare ca să-l obțin." Apoi Cox subliniază că această idee este valabilă pentru noi toți.

Danny ne-a dat niște sfaturi extraordinare. Cred că, dacă ar fi urmate de mai mulți dintre noi, țara asta ar avea mai mulți lideri. Ascultați-l pe Danny Cox.

Mulți dintre participanții la atelierul de arte pentru vârstnici își încercau pentru prima oară îndemânarea la diverse discipline. De dincolo de peretele ce despărțea cursul de pictură în ulei de cursul de acuarele, se auziră următoarele vorbe de dulce răzbunare: „Cred că o să le trimit nepoților ca să le pună pe frigider." (Trimisă la *Reader's Digest* de Lynda Alongi)

19
Alegerea îți aparține

POȚI SĂ TE CONCENTREZI ASUPRA a ceea ce ai sau să te plângi de ceea ce n-ai. Dar vreau să subliniez că lucrul asupra căruia ne concentrăm joacă un rol major cu privire la ceea ce reușim să realizăm în viață. Cred că toată lumea știe că Heather Whitestone, Miss America din 1995, este surdă de când avea 18 luni. Însă Heather s-a concentrat întotdeauna asupra a ceea ce avea, nu asupra a ceea ce nu avea. S-a concentrat asupra aptitudinilor ei, nu asupra incapacităților. A avut noroc de niște părinți care au crezut în ea cu ardoare și au sprijinit-o, au iubit-o, au încurajat-o și au muncit alături de ea în tot ce făcea.

Când ești persoana potrivită și faci lucrul potrivit, primești ajutor și încurajare din toate părțile.

Această tânără frumoasă are o minte ascuțită. De asemenea, are un spirit extraordinar, o credință puternică și a muncit cu perseverență întreaga viață. E foarte îndemânatică în a citi de pe buzele oamenilor și, de-a lungul anilor, a fost ajutată de mulți profesori și de alte persoane. Unii dintre ei chiar și-au făcut timp să-și aștearnă notele pe hârtie pentru ea.

Observație esențială: Există nenumărați alți oameni cu probleme, dar aceștia s-au concentrat asupra problemelor în loc să se concentreze asupra soluțiilor. Vă rog să înțelegeți că este o observație și nu o critică. Nimeni nu știe ce simt ceilalți oameni, unele probleme pot fi de nerezolvat de către un om. Însă vreau să spun că oamenii cu o atitudine cooperantă, iubitoare, entuziastă, gentilă și pozitivă vor atrage nenumărați oameni care nu numai că sunt dispuși să-i ajute, dar abia așteaptă să o facă. În multe situații, atitudinea pe care o aveți față de o problemă este mai importantă chiar decât problema în sine.

Oportunitatea bate de multe ori la ușă, dar până când dezlegați lanțul, deschideți zăvorul, desfaceți cele două cârlige și închideți alarma antifurt, deja e prea târziu. (Rita Cooledge)

20
Implicare totală

LUMEA GOLFULUI E PLINĂ de nume legendare — Jack Nicklaus, Byron Nelson, Bobby Jones, Ben Hogan, Arnold Palmer și alții. Însă în toate privințele, mulți spun că Ben Hogan este în vârful sau foarte aproape de vârful piramidei.

E adevărat. Pregătirea spectaculoasă duce la performanțe spectaculoase.

Ar fi greu să menționez aici toate realizările lui Hogan, dar printre ele se numără 242 de întâlniri în PGA Tour în care a terminat pe unul din primele zece locuri, între 1932 și 1970. Hogan a câștigat 30 de turnee între 1946 și 1948, după doi ani de armată. Însă lucrul cel mai memorabil în ce-l privește este ceea ce s-a petrecut pe 2 februarie 1949, când mașina lui s-a izbit frontal de un autobuz Greyhound și era cât pe-aci să fie ucis. La început, medicii s-au îndoit că va supravieţui. Apoi au prezis că nu va mai putea niciodată să meargă sau să joace golf, dar după numai 16 luni el mergea pe al 18-lea teren de la Merion Golf Club din Ardmore, Pennsylvania, aducând ultimele tuşeuri la memorabila victorie de la turneul U.S. Open din 1950.

Numele său este de obicei menţionat cu veneraţie şi oamenii comentează fără încetare intensitatea jocului său, implicarea lui, felul în care se concentrează complet asupra problemei din acel moment şi dorinţa sa neabătută de a-şi pune în joc toate eforturile. Probabil că a studiat jocul de golf mai mult decât oricine altcineva şi a muncit cu hărnicie din zori până-n seară pe terenul de antrenament, perfecţionând fiecare aspect al jocului său.

Ştiu că poate nu sunteţi jucători de golf, dar vorbesc despre Hogan deoarece calităţile care l-au ajutat să devină un jucător de golf extraordinar i-ar fi permis să reuşească în practic orice alt domeniu. Are o capacitate incredibilă de a se dedica şi o etică de lucru solidă. A studiat jocul aşa cum puţini au făcut-o vreodată, sau poate chiar nimeni, şi a fost ferm convins că poate progresa, indiferent de felul în care juca. Sunt convins că, dacă veţi adopta aceste calităţi şi vă veţi concentra asupra slujbei sau a carierei pe care v-aţi ales-o, succesul va fi sigur.

Dacă aveţi tendinţa să vă lăudaţi, amintiţi-vă că nu fluierul este cel care împinge trenul. (O. F. Nichols)

21
Cheia este convingerea

RĂPOSATA MARY CROWLEY spunea deseori că un om cu o convingere valorează mai mult decât o sută de oameni care au numai un interes. Dăruirea este cheia rămânerii în cursă și a finalizării proiectului. Iar sursa dedicației este întotdeauna convingerea.

Dacă ești convins că vinzi un produs extraordinar, postura, limbajul trupului, inflexiunile vocii și expresiile feței comunică posibilului client că tu crezi cu ardoare faptul că îi oferi ceva de valoare. De multe ori, clientul nu va cumpăra datorită încrederii sale în produsul, bunurile sau serviciile oferite, ci datorită încrederii vânzătorului în produsul pe care-l oferă.

Profunzimea convingerilor „convinge" mai mult decât vastitatea cunoștințelor.

Simțămintele noastre sunt transferabile. Curajul poate fi — și deseori este — transferat celui de lângă noi. La fel se întâmplă și cu convingerile. Profesorul care crede cu ardoare în mesajul pe care-l comunică îl va convinge pe elev prin profunzimea acestei convingeri. Unul dintre citatele mele favorite din Mary Kay Ash este: „Mulți oameni au ajuns mult mai departe decât credeau că pot fiindcă altcineva a crezut că ei pot." Pe scurt, încrederea lor, născută din convingerea altcuiva, le-a permis să reușească. Convingerea vine din cunoaștere și dintr-un simțământ că lucrurile pe care le faci, le vinzi sau despre care oferi informații altora sunt cât se poate de corecte. Când transferăm această convingere asupra celor aflați în sfera noastră de influență, vor beneficia atât ei, cât și societatea.

Arătați-mi o persoană cu convingeri profunde și vă voi arăta o persoană care s-a angajat să transmită aceste convingeri și celorlalți. Arătați-mi un lider important și vă voi arăta o persoană cu convingeri profunde, capabilă astfel să atragă adepți. Vă voi arăta, de asemenea, o persoană care este fericită cu ceea ce face și se bucură de mult mai mult succes decât cei lipsiți de aceste convingeri. Mesajul: Însușiți-vă această idee, dezvoltați-vă asemenea convingeri și luați-vă angajamentul.

Sunt sigur că am auzit cu toții despre angajatul care întotdeauna îi oferă companiei sale o zi onestă de muncă. Bineînțeles, pentru asta are nevoie de o săptămână. (Executive Speechwriter Newsletter)

22
Motivație, manipulare și conducere

CUVÂNTUL *MOTIVAȚIE* ESTE DESEORI confundat cu *manipulare*. Motivația înseamnă să-i convingeți pe alții să treacă la acțiune, pentru binele lor. Faptul că oamenii își fac temele, acceptă responsabilitatea pentru propriile performanțe și își finalizează studiile sunt rezultate ale motivației. Manipularea înseamnă a-i convinge pe alții să facă un lucru al cărui principal beneficiar ești tu. A umfla prețul unui produs de proastă calitate și a-i pune pe oameni să lucreze peste program pe gratis sunt exemple de manipulare.

Un prieten „de vreme bună" îți este întotdeauna alături când are nevoie de tine.

Manipularea îl distruge pe manipulator. Încep să umble zvonuri despre el și oamenii sunt din ce în ce mai puțin înclinați să răspundă într-o manieră pozitivă la manipularea lor. Productivitatea scade. Conducerea înseamnă să convingi pe cineva să facă un lucru care este în interesul amândurora. Dwight Eisenhower spunea despre conducere că este capacitatea de a convinge pe cineva să facă ce vrei tu fiindcă și el o vrea. Când se întâmplă acest lucru, performanțele cresc, productivitatea crește și ambele părți câștigă.

A compara motivația cu manipularea este ca și cum ați compara bunătatea cu înșelătoria. Diferența este intenția persoanei. Motivația va determina oamenii să acționeze pe baza liberei alegeri și a dorinței, iar manipularea duce deseori la o acceptare forțată. Prima dintre ele este etică și dă rezultate pe termen lung, iar cea de-a doua nu are nicio bază etică și este temporară.

Thomas Carlisle a spus: „Un om mare își dovedește măreția prin felul în care îi tratează pe cei mărunți." Valoarea pe care o dați altora va determina dacă aveți tendința să-i motivați sau să-i manipulați pe oameni. Motivația înseamnă a munci împreună pentru a obține un avantaj reciproc. Manipularea înseamnă a-i convinge sau chiar a-i forța într-un mod subtil pe oameni să facă ceva astfel încât voi să câștigați și ei să piardă. Alături de un motivator, toată lumea câștigă; alături de un manipulator, numai acesta câștigă. În plus, victoria este temporară, iar prețul copleșitor.

Liderii și motivatorii sunt câștigători; manipulatorii sunt ratați care produc resentimente și discordie. Creați motivație, conduceți-vă oamenii și nu-i manipulați.

Din auzite: „Da, cheltuiesc o grămadă de bani... dar ce altă extravaganță mai am?"

23
Vine din suflet

ÎN ZIUA DE AZI, LICEEANUL TIPIC jucător de baschet e atât de înalt, încât ar putea să privească o girafă în ochi. Din acest motiv, era de-a dreptul incredibil că Keith Braswell, care avea doar 1,68 m, făcea parte din echipa de baschet a Universității Dayton. Este cu cinci centimetri mai scund decât orice alt jucător din istoria școlii. Acest boboc se uită în sus la Muggsy Bogues, care are doi metri și jumătate și joacă în campionatul NBA la echipa Charlotte Hornets. Este mult mai scund decât Spud Webb, primul jucător cu adevărat mic de statură care a participat la NBA.

Nu contează doar mărimea câinelui care se bate,
ci și avântul lui în luptă.

Poate că lucrul cel mai remarcabil este că a reușit în echipă fiind omul în continuă mișcare. Este incredibil de rapid, e teribil de priceput la lovitura de trei puncte, este un expert în mânuirea mingii și e destul de bun chiar și la recuperare. Mike Calhoun, un antrenor competitiv de la Eastern Kentucky, explică astfel o parte a succesului său: „Keith are un suflet mare" și „pasiunea și entuziasmul lui însuflețesc mulțimea." Keith Braswell le oferă tuturor bărbaților și femeilor mici de înălțime — de fapt, tuturor celor care au dezavantaje sau handicapuri reale — ingredientul atât de important numit „speranță".

Vă spun toate acestea fiindcă este relativ ușor să așezi oamenii pe un cântar și să spui exact ce greutate au sau să-i pui să stea în picioare și să le măsori înălțimea exactă. Dar este imposibil să le măsori calitățile umane la care antrenorii se referă întotdeauna cu cuvântul „suflet". Atunci când recunoaștem, folosim și dezvoltăm la întreaga sa capacitate ceea ce se află în noi, în viața noastră se petrec lucruri uimitoare. Fiți cu ochii pe acest tânăr; este un clăditor al speranței.

„Puteți să-mi spuneți unde găsesc cartea Bărbatul, sexul superior?*", întrebă un bărbat pe o vânzătoare. „Sigur, este sus, la departamentul de cărți științifico-fantastice", răspunse ea.*

24
Domnișoara Amy Whittington este cea care schimbă vieți

ÎN VIAȚĂ, FIECARE DINTRE NOI influențează prin vorbe și prin fapte — în bine sau în rău — nenumărați alți oameni. Asta înseamnă că fiecare dintre noi produce schimbări în viețile altora.

> Cât de zadarnic este să te așezi și să scrii când nu te-ai ridicat pentru a trăi.
> THOREAU

Dra Amy Whittington este cu siguranță cineva care a influențat, direct și indirect, mii de oameni. La 83 de ani, încă mai ținea un curs de religie în fiecare duminică la Sault Sainte Marie, în Michigan. A aflat că la Moody Bible Institute din Chicago avea să aibă loc un seminar pentru a-i învăța pe oameni cum să fie niște profesori mai eficienți. Pur și simplu a economisit bănuț cu bănuț până când a strâns suma necesară pentru a cumpăra un bilet de autobuz până la Chicago. A mers cu autobuzul toată noaptea pentru a asista la seminar, ca să învețe noi metode și proceduri pentru a-și îmbunătăți modul de lucru.

Unul dintre profesori, impresionat de vârsta și de entuziasmul ei și de faptul că toată noaptea călătorise pentru a asista la seminar, a început să discute cu ea. A întrebat-o la ce grupă de vârstă predă și câți veneau la cursul ei. Când i-a răspuns că preda la o clasă de băieți de liceu și că erau cu toții 13, profesorul a întrebat câți băieți aparțineau de acea biserică. Miss Whittington a răspuns: „50." Profesorul, uluit de faptul că preda la mai mult de 25% dintre tinerii bisericii, i-a răspuns: „Cu un asemenea record, dvs. ar trebui să ne învățați pe noi cum să predăm." Câtă dreptate avea!

Mă grăbesc să adaug că sunt mai multe șanse ca oamenii care sunt buni în ceea ce fac să încerce să se perfecționeze decât cei cu performanțe slabe. Ce fel de influență a avut dra Amy Whittington? 86 dintre băieții care au urmat cursul ei de duminică au ajuns în cele din urmă în cler. Vă puteți imagina miile de oameni pe care i-a influențat, direct și indirect, în bine? A fost într-adevăr cineva care schimbă vieți. Și tu poți face asta.

Când un om nu-și mai încape în piele, se va găsi cineva să îi ia locul.

25
Demnitatea simplității

AUTORUL JOHN MAXWELL SCRIE: „Simplitatea are o demnitate extraordinară. Majoritatea operelor literare nemuritoare nu se disting numai printr-o concizie remarcabilă, ci și prin demnitatea simplității. Rugăciunea Domnului are doar 57 de cuvinte, niciunul mai lung de două silabe[1]. Declarația de Independență a SUA, care a revoluționat gândirea întregii lumi, poate fi citită de un elev din clasa a patra în mai puțin de cinci minute. Simplitatea este elocventă; vorbește tare și clar, fără a leza inteligența ascultătorului."

Nu poți ține un om la pământ fără a sta alături de el.
BOOKER T. WASHINGTON

---

[1] În engleză.

DEMNITATEA SIMPLITĂȚII

Când am citit aceste cuvinte, m-am gândit să caut definiția cuvântului *demnitate* în dicționarul meu de încredere, Noah Webster din 1828. Iată ce scrie aici: „Adevărată onoare. Noblețe sau înălțare a minții. Constând dintr-un înalt simț al proprietății, al adevărului și al dreptății, cu oroare de acțiuni meschine și păcătoase. Înseamnă înălțare; poziție onorabilă sau grad de elevare; nivel de desăvârșire, estimat sau în firea lucrurilor."

Un părinte sau un profesor care îl tratează pe un copil cu demnitate îi clădește respectul față de sine și automat îi mărește performanțele, ceea ce îmbunătățește comportarea lui generală. Un patron care îi tratează pe angajați cu respect și demnitate creează loialitate și sporește productivitatea. Tratați pe cineva cu demnitate, indiferent de vârsta sa, atunci când îl ascultați cu amabilitate și îi dați răspunsuri gândite. Îi tratați pe ceilalți cu demnitate atunci când le arătați respect, indiferent de ocupație, sex, rasă, crez sau culoare. Iar atunci când îi tratați pe ceilalți cu respect și demnitate, vă sporiți respectul de sine și simțul demnității.

Simplitatea și demnitatea formează o combinație puternică. Când vă străduiți să păstrați demnitatea și comunicați cu simplitate, șansele de realizare cresc simțitor.

Maestrul de ceremonii către audiență: „Și acum am plăcerea să vă ofer obișnuitele exagerări privind realizările invitatului nostru."

26
Orășelul care a reușit

MAJORITATEA OAMENILOR, când vine vorba despre un gigant industrial în devenire, nici nu s-ar gândi la orașul Tupelo din Mississippi. Dar ar trebui s-o facă! În Tupelo există entuziasm, un spirit al comunității, bun-simț, eforturi susținute și angajamentul de a progresa în această eră competitivă. Aceste calități au determinat-o pe economista Sheila Tschinkel să comenteze: „Tupelo este orașul la care revenim mereu în dezvoltarea economică." Charles Gordon, director de comunicare la Norbord Industries, o firmă canadiană care fabrică produse din lemn, a spus că Tupelo a fost preferat altor concurenți fiindcă „erau oamenii cei mai profesioniști pe care i-am întâlnit vreodată în cercurile dezvoltării industriale."

Nu critica nimic din firma ta până când n-ai așternut pe hârtie un mod mai bun de a o face și nu ești dispus să-ți riști reputația de director executiv cu privire la valabilitatea acelui lucru.
MAXEY JARMON

Atitudinea și eforturile depuse de cetățenii săi au atras 18 companii din topul Fortune 500 dornice să-și dezvolte producția în acest oraș din Mississippi. Pe listă sunt „vedete" ca Sara Lee Corporation, Cooper Tire and Roober Company și o serie de producători de mobilă și investitori din domeniu din țări ca Elveția, Brazilia și Australia.

Conform unui articol din *Wall Street Journal*, succesul orășelului Tupelo se datorează mai multor motive. În primul rând, unui angajament pe termen lung de a investi în comunitate. În al doilea rând, în Tupelo se cheltuiesc sume importante pentru dezvoltarea unor resurse umane calificate și se întreprind acțiuni prompte pentru a rezolva nemulțumirile minorităților. În al treilea rând, în acest oraș sunt oameni dornici să-și asume riscuri calculate. De exemplu, George McLean, editor al cotidianului local *Daily Journal* din 1934 până la moartea sa, în 1983, a făcut ca lucrurile să-și urmeze cursul în Tupelo. Când lipsa spațiilor de producție și depozitare amenința să pună capăt dezvoltării, la sfârșitul anilor 1950, și-a ipotecat ziarul pentru a construi peste 58 000 de metri pătrați de spații industriale. Acest gen de atitudine și angajament a atras investitori din întreaga lume.

Toți acești factori la un loc explică progresele extraordinare ale acestui orășel din Mississippi. Ca o nouă dovadă, în 1991, a fost votată o creanță de 17 milioane de dolari pentru construirea unui nou liceu, cu un procent de 89% de voturi pentru. Mesajul este că alte orașe, în condiții similare, pot lua exemplu de la Tupelo pentru a îmbunătăți spectaculos viața cetățenilor.

Una dintre problemele cu care se confruntă profesorii și părinții este cum să explice importanța unei alimentații corecte unor copii care au depășit 1,80 m înălțime mâncând numai prin localuri fast-food.

27

Răspundeți — nu reacționați

MAJORITATEA OAMENILOR ar fi de acord că pentru un băiețel de trei ani ar fi o tragedie de neînchipuit să-și piardă ambele brațe. Aceasta s-a întâmplat cu Jon Paul Blenke. El și părinții lui au acceptat repede faptul că va rămâne fără brațe pentru tot restul vieții și au decis să se adapteze și să folosească ceea ce i-a rămas, fără să plângă ce s-a pierdut.

Viitorul nostru ar fi asigurat dacă am face astăzi tot ce sperăm să facem mâine.

Din nefericire, când își pierd integritatea fizică sau un bun financiar, cei mai mulți oameni adoptă atitudinea „Am pierdut totul și nu mai pot face nimic". Jon Paul a simțit din instinct că există o abordare mai bună, părinții lui l-au încurajat, iar rezultatele vorbesc de la sine. Orice părinte ar fi mândru să-l aibă ca fiu pe Jon Paul și orice antrenor ar fi încântat să-l aibă în echipa sa. Astăzi, Jon Paul este un băiat deschis, entuziast, extrem de motivat și cu o atitudine incredibilă. Când cineva îi spune ce nu poate să facă, el începe să caute o cale de a o face. Joacă fotbal european și american, scrie cu degetele de la picioare, dirijează mașina de tuns iarba cu picioarele, înoată, patinează și schiază.

Antrenorul Bob Thompson de la Leduc Bobcats spune că Jon Paul este un jucător capabil, iar colegii săi de echipă sunt de părere că „lovește ca un apucat". Colegii îl respectă, iar antrenorul îl consideră un superatlet. „În mintea sa, el nu are un handicap. Singura poziție în care nu joacă este cea de fundaș, dar dacă există o cale de a o face, o va descoperi." Sunt puține obstacole cărora să nu le poată face față. Momentele de frustrare sunt scurte și foarte rar se dă bătut.

Cred că acest tânăr va reuși în viață și deja servește drept un model extraordinar. Vă încurajez să învățați de la acest puști entuziast.

Personajele „Arahidă" Charlie Brown și Lucy jucau bile, iar Lucy câștiga întotdeauna. Pe când ea lovea bilele lui Charlie, el repeta întruna: „Noroc, noroc, noroc." Al doilea cadru al benzii desenate înfățișează același lucru. În al treilea cadru, Lucy mergea țanțoșă pe stradă cu toate bilele lui Charlie și el spunea în continuare „Noroc, noroc, noroc". Dar după ce Lucy dădu colțul, Charlie spuse: „Măi să fie, fata asta chiar știe să joace bile." (Executive Speechwriter Newsletter)

28

Adevărul este mai ciudat și mai incitant decât ficțiunea

PE ARIPILE VÂNTULUI ESTE romanul clasic. *Scarlett* este continuarea acestuia. Însă povestea originală conține ceva mai mult decât un sâmbure de adevăr. A existat un Rhett Buttler, dar numele lui adevărat era Rhett Turnipseed. Scarlett O'Hara se numea Emelyn Louise Hannon. Da, Rhett a părăsit-o și s-a alăturat armatei confederației. După terminarea războiului, Rhett Turnipseed s-a apucat de vagabondaj și jocuri de noroc. A ajuns în Nashville și aici viața lui s-a schimbat complet în dimineața de Paști a anului 1871, când a asistat la slujba de Înviere a Bisericii Metodiste și a devenit un creștin fervent.

Am vești bune — vă puteți schimba; dar aveți grijă să vă schimbați în bine.

Curând după aceea, Rhett s-a înscris la Universitatea Vanderbilt și a devenit preot metodist. Reverendul

Rhett își făcea griji pentru o tânără femeie din parohia sa, care fugise și lucra într-o casă de toleranță din St. Louis. Rhett a plecat în căutarea ei și a găsit-o. Absolut incredibil, patroana era chiar fosta lui iubită, Emelyn Louise Hannon — sau Scarlett. Nu l-a lăsat pe Rhett s-o vadă pe tânără, așa că Rhett a provocat-o la o partidă de cărți. Dacă avea să câștige el, tânăra urma să fie liberă; dacă avea să câștige Scarlett, tânăra trebuia să rămână. Rhett a câștigat.

Din fericire, povestea s-a terminat cu bine pentru toată lumea. Tânăra s-a măritat bine și a ajuns stăpâna unei familii de seamă din stat. Mai târziu, Emelyn, impresionată de schimbarea lui Rhett, s-a creștinat la rândul ei și s-a alăturat Bisericii Metodiste, înființând apoi un orfelinat pentru copiii Cherokee. A murit în 1903. Mormântul ei este marcat și în ziua de azi.

Mesajul are două înțelesuri. În primul rând, realitatea este mai stranie decât ficțiunea, iar în al doilea rând, oamenii se pot schimba. Faptul că un cartofor devine preot și patroana unei case de toleranță ajunge șefa unui orfelinat pentru copii înstrăinați este o schimbare extraordinară. Așa că nu renunțați. Vă puteți schimba.

Comicul J. Scott Homan spunea că încearcă să se mențină în formă ridicându-se din pat de 20 de ori în fiecare dimineață. Poate să nu pară mare lucru, dar ceasul deșteptător nu poate fi oprit de mai multe ori.

29
Egoismul inteligent

REVISTA *FORTUNE* A PUBLICAT un articol interesant despre un multimilionar din Hong Kong pe nume Li Ka-Shing. Cei doi fii ai acestuia, Victor și Richard, au fost crescuți în firma tatălui lor, asistând la ședințele consiliului de conducere și la conferințe unde erau instruiți, informați și îndoctrinați cu filozofia tatălui lor.

Omul este la fel de mare ca visurile, idealurile, speranțele și planurile sale. Un om își visează visul și visează să-l împlinească. Se împlinește prin visul său.

Evident, dacă valorezi câteva miliarde de dolari, te porți altfel cu copiii tăi decât cei mai mulți dintre noi. De exemplu, cum îi explicați unui copil de nouă ani că nu poate avea o bicicletă de 250 de dolari fiindcă e prea scumpă, când băiatul a observat deja că banii nu reprezintă o problemă în casă? Dar Li Ka-Shing și-a dat seama că problema nu era ceea ce-și putea permite; ideea era de a-i învăța pe copii câteva principii solide. Din acest motiv, s-a străduit să țină în frâu îngăduința față de fiii săi. Prin tradiție, pentru tinerii crescuți în familii foarte bogate — nu fiii de atleți proaspăt îmbogățiți sau ai unor stele de cinema, ci cei din familii care au acumulat averi timp de generații — constrângerile financiare sunt ceva obișnuit.

Poate cel mai interesant lucru pe care l-a observat Richard la tatăl său, care era într-adevăr un geniu antreprenorial, era faptul că se asocia de multe ori cu oameni care aveau produse și idei, dar duceau lipsă de capital. Richard a învățat că dacă 10% este un procent destul de bun din afacere pe care îl primești ca rezultat al investiției tale, dar știi că poți obține 11%, atunci ar fi înțelept să iei numai 9%. Li Ka-Shing i-a învățat pe băieți că, dacă lua mai puțin decât putea obține, la ușa sa se vor îngrămădi nenumărați oameni cu idei și produse bune, dar fără bani. Rezultatul net era că în loc să facă o singură afacere profitabilă, dar lacomă, putea face nenumărate afaceri bune, serioase, la un procent mai mic, iar profitul total avea să fie mult mai mare. Acesta este egoismul inteligent — care în realitate înseamnă să fii altruist și înțelept.

O descriere corectă a unui ipocrit: o persoană care duminica nu este el însuși.

30
„... pentru a-mi păstra..."

JURĂMÂNTUL CERCETAȘILOR este următorul: „Jur că voi face tot ce-mi stă în putință pentru a-mi îndeplini datoria față de Dumnezeu și față de țara mea și pentru a respecta Legea Cercetașilor; pentru a-i ajuta pe alții în toate situațiile; pentru a-mi păstra puterea fizică, conștiința trează și onestitatea morală."

Falsa umilință este o fugă de responsabilitate.
FRED SMITH

Să examinăm ultima parte a jurământului: „puterea fizică". Când ne îngrijim de trupurile noastre, avem mai multă energie de investit în viața personală, familială și în afaceri. Un studiu asupra celor mai buni directori executivi a dat la iveală faptul că 93% dintre ei aveau un nivel ridicat de energie. Mai puțin de 10% fumau, 90% făceau în mod regulat exerciții fizice și practic toți își cunoșteau nivelul de colesterol. Beneficiile unei bune forme fizice sunt extraordinare.

„Conștiința trează" este nespus de importantă în zilele noastre, când totul se schimbă într-un ritm nemaivăzut în istorie. Pregătirea mentală cu ajutorul cărților, al seminariilor, al casetelor educaționale audio și video și printr-un studiu continuu face parte cu siguranță din viața tinerilor. În plus, lucrurile pe care le învață în activitatea de cercetaș pentru a fi mereu conștienți presupun și evitarea unor lucruri cum sunt tutunul, alcoolul și drogurile — distrugători ai minții și ai trupului.

Porțiunea despre „onestitatea morală" este poate cea mai semnificativă. Un studiu efectuat asupra directorilor executivi de la companiile din topul Fortune 500 a relevat faptul că principala lor calitate este integritatea. Membrii promoției din 1949 a Școlii de Afaceri Harvard, recunoscută drept cea mai remarcabilă clasă din istoria școlii, au afirmat aproape în unanimitate că etica, valorile și angajamentul de a fi loiali față de familiile lor au reprezentat principalele motive ale succesului de care s-au bucurat.

Toate acestea la un loc demonstrează faptul că jurământul cercetașilor, dacă e respectat în totalitate, va produce o adevărată avalanșă de câștigători în societate. Gândiți-vă la asta. Aplicați acest jurământ în viață.

Un om se ruga: „Doamne, este adevărat că pentru Tine un minut înseamnă 1 000 de ani, iar un bănuț înseamnă 1 000 de dolari?" Domnul răspunse: „Da." Apoi omul întrebă: „Atunci poți să-mi dai un bănuț?" Domnul spuse: „Într-un minut."

31

Niciodată nu e prea târziu

ÎN MAI 1983, HELLEN HILL, în vârstă de 96 de ani, și-a primit diploma de liceu. S-a simțit absolut extaziată. Când terminase școala, cu 76 de ani în urmă, ea și cei cinci colegi ai ei nu primiseră diplome oficiale fiindcă școala avea atâtea datorii, încât nu și le putea permite. Doamna Hill a fost singurul supraviețuitor al clasei absolvenților din 1907, așa că n-a putut să-și împărtășească bucuria și entuziasmul cu foștii ei colegi. Mesajul este limpede: Dezamăgirea de ieri poate deveni astăzi o încântare. Niciodată nu e prea târziu!

Treptele vieții sunt pline de așchii, dar nu-ți dai seama până când nu aluneci pe ele.

Carl Carson, la frageda vârstă de 64 de ani, s-a hotărât să-și schimbe cariera. La acea vârstă, majoritatea oamenilor se gândesc la pensie, ceea ce nu e neapărat o fericire. Multe persoane de 64 de ani sunt încă foarte tinere și au acumulat experiențe pe baza cărora își pot clădi o carieră interesantă și plină de recompense. Carson activase cu succes ca agent de închirieri de automobile și camioane. A hotărât să-și construiască o nouă carieră în consultanță. Planul său inițial era să-și vândă serviciile la zece clienți. A început prin a scoate o publicație lunară, în care oferea consultanță la 1 200 de abonați. La 75 de ani, Carson străbătea țara în lung și-n lat de nenumărate ori pe an, vorbind la întruniri și distrându-se de minune.

Mesajul este cât se poate de limpede: Niciodată nu e prea târziu să visați, să învățați sau să vă schimbați. Prea mulți oameni fabrică scuze pentru a nu-și atinge scopurile. Nu trăiesc în locul potrivit, sunt prea bătrâni sau prea tineri și o grămadă de alte scuze. Nu vreau să spun că va fi ușor, fiindcă viața e dură, dar vă poate aduce satisfacții! E adevărat că nu puteți să opriți timpul sau să-l dați înapoi, dar puteți să visați, să vă stabiliți scopuri pozitive și să vă folosiți darurile unice.

Arătați-mi un om care merge cu capul sus și eu vă voi arăta un om care încă nu s-a obișnuit cu lentilele bifocale. (Stripped Gears)

32

Renăscut din cenușă

DE MULTE ORI, DEZASTRELE și tragediile conduc la realizări incredibile și la progrese extraordinare. În august 1883, orașul Rochester din Minnesota a fost devastat de o tornadă, dar din rămășițele sale a luat ființă celebra clinică Mayo. După cum spune Daniel J. Murphy într-un articol recent din *Investors Daily*, „Maica Alfred Moes, fondatoarea ordinului Surorile Sfântului Francisc, și-a adus călugărițele lipsite de experiență să-i ajute pe cei care fuseseră răniți în tornadă. În timp ce era acolo, l-a convins pe principalul medic din oraș să devină șeful unui viitor spital pentru construirea căruia avea să strângă fonduri. Numele acelui medic și chirurg era William Worral Mayo, iar spitalul, Sfânta Maria, a fost precursorul faimoasei clinici Mayo, cunoscută pe plan mondial."

Problemele duc la răbdare; răbdarea duce la perseverență; perseverența duce la caracter; caracterul duce la speranță; speranța duce la putere.

La începutul acestui secol, dăunătorii au devastat culturile de bumbac din sud, în special în partea sudică a statului Alabama. Dezastrul a fost ca un apel la deșteptare pentru necesitatea de a se diversifica. Fermierii din zonă au început să cultive arahide, soia, porumb, legume proaspete și altele. Economia a prosperat într-atât, încât cetățenii din Enterprise, Alabama, au construit în centrul orașului un monument în cinstea insectelor dăunătoare.

În viața mea, un dezastru asemănător a fost de fapt o binecuvântare mascată. Se apropia rapid data publicării primei mele cărți, *See You at The Top* (*Ne vedem în vârf*), când mi s-a rupt vezica biliară. Cum nu puteam călători, mi-am întrerupt pe neașteptate programul încărcat de conferințe, pentru 22 de zile. 19 dintre acestea le-am petrecut muncind între zece și 12 ore pe zi, stând în pat sau șezând liniștit pe un scaun. Dacă n-aș fi avut la dispoziție acele ore, cartea n-ar fi fost gata la timp.

Mesajul: Când te lovește o nenorocire, întreabă-te cum poți profita de asta. În multe cazuri vei descoperi că o catastrofă temporară se poate transforma într-un câștig pe termen lung.

Dumnezeu l-a creat pe om. Apoi s-a dat înapoi, l-a privit și a spus: „Cred că pot face ceva mai bun" și a creat femeia.
(Mary Crowley)

33
O slujbă mai bună

CÂȚI DINTRE ȘOMERI POT FI ANGAJAȚI? Probabil majoritatea — cel puțin într-o anumită măsură. Dar mulți nu-și pot găsi o slujbă mai bună fiindcă le lipsesc instruirea, experiența, educația sau dorința de a avea o slujbă mai bună. E adevărat că și-ar dori să primească pur și simplu o slujbă, indiferent dacă sunt sau nu calificați pentru aceasta. Însă în afaceri și în industrie, lucrătorii trebuie să ofere mai mult decât valoarea lor în salarii și beneficii, altfel firmele dau faliment și toată lumea rămâne fără slujbă.

Poți să termini școala și chiar să ți se pară ușor.
Dar procesul de educație nu se termină niciodată
și rareori este ușor.

Lincoln Electric Company din Euclid, Ohio, avea 200 de locuri de muncă disponibile, dar firma n-a reușit să găsească oamenii potriviți din circa 20 000 de candidați. Motivul: nu cunoșteau matematica de liceu. Și-atunci, cine-i de vină? Unii vor spune că părinții nu le-au impus disciplina și nu le-au cerut să învețe; alții vor spune că sistemul educațional nu mai corespunde necesităților; iar alții vor spune că guvernul nu a sprijinit îndeajuns educația acestor oameni.

Dar realitatea este că, în esență, fiecare dintre noi trebuie să-și asume responsabilitatea de a dobândi informațiile necesare pentru a obține slujba dorită. De exemplu, în cazul celor aproape 20 000 de oameni care nu s-au putut califica pentru slujbele bine plătite de la Lincoln Electric, soluția este să se îndrepte direct spre una dintre facultățile de stat și să se pună la punct cu matematica. Organizațiile Literacy Volunteers of America și/sau National Institute for Literacy le-ar fi de folos și probabil fiecare candidat are cel puțin un prieten calificat, dispus să-i ofere ajutorul. E adevărat că pentru asta e nevoie de inițiativă și de depășirea unui sentiment de jenă, dar a refuza să te confrunți cu problema nu va simplifica și nici nu va îmbunătăți situația.

Mesajul: Dacă vă doriți o slujbă mai bună, obțineți ajutor. Este uluitor ce influență pot avea trei ore de studiu pe săptămână, timp de circa zece săptămâni, asupra aptitudinilor, încrederii și respectului de sine. Faceți-o acum — obțineți acest ajutor și viața vă va deveni mai bună.

Nu e de mirare că în copilărie aveam un complex de inferioritate! Prietenul meu cel mai bun era căpitanul echipei de fotbal, primul aruncător al echipei de baseball, golgheterul echipei de baschet, premiantul clasei și juca rolul lui Iosif în piesa de Crăciun.

34
Munca: Cine are nevoie de ea?

CINEVA A SPUS ODATĂ CĂ MUNCA este tatăl succesului, iar integritatea este mama. Dacă te înțelegi bine cu acești doi membri ai familiei, cu ceilalți nu vei avea nicio problemă. Însă prea mulți oameni nu fac suficiente eforturi pentru a se înțelege cu tatăl, iar pe mamă o lasă complet pe dinafară. Unii chiar renunță să mai caute de lucru de îndată ce găsesc o slujbă.

> Ca să schimbi prietenii, familia și stilul de viață,
> mai întâi trebuie să te schimbi pe tine.

Mulți oameni au convingerea că munca trebuie să fie plăcută și să aibă sens pentru ei, altfel n-ar trebui să li se ceară nimic. Sunt convins că dragostea sinceră de muncă, cu toate recompensele sale, trebuie să ofere o imensă satisfacție. Charles Gow e de părere că munca îți face poftă de mâncare, îți asigură un somn bun și te face să apreciezi vacanțele. Adevărul este că toți avem nevoie de muncă.

Personal, nu cred să fie cineva căruia să-i placă mai mult ceea ce face decât îmi place mie ceea ce fac, însă anumite faze ale muncii mele sunt plictisitoare: termene fără sfârșit și uneori zboruri amânate sau anulate, când trebuie să stau ore întregi într-un aeroport sau pe o pistă, de exemplu. Aceste lucruri nu sunt plăcute și pline de sens, dar constituie o parte a ceea ce fac, așa că atunci când se amână o cursă folosesc timpul pentru a studia și a scrie.

Voltaire spunea că munca ne ferește de trei mari rele: plictiseala, viciul și sărăcia. Cu acest concept în minte, putem să examinăm avantajele și să înțelegem că „nu plătești prețul, ci te bucuri de avantaje". Thomas Edison spunea: „Nimic nu poate înlocui eforturile. Geniul înseamnă 1% inspirație și 99% transpirație." Benjamin Franklin a spus-o în felul următor: „Cheia folosită strălucește întotdeauna." În fine, Richard Cumberland a remarcat: „E mai bine să te uzezi decât să ruginești."

Concluzia: Dacă nu munciți, veți pierde multe din bucuriile și binefacerile vieții înseși. Așadar, concentrați-vă asupra lucrurilor care vă plac în munca voastră și asupra avantajelor. Dedicați muncii acea explozie de energie pe care o aveți întotdeauna în ziua dinainte de vacanță. Nu numai că vă veți bucura mai mult de muncă, dar veți primi bani și aprecieri după dorință.

Nu exagerați cu munca. Nu uitați că omul care e întotdeauna ocupat, ca o albină, poate descoperi într-o zi că altcineva i-a sorbit toată mierea.

35
Întreprinzătorul e bine sănătos

UNEORI, O MARE PIERDERE poate fi catalizatorul unui și mai mare câștig. La începutul anilor 1980, fermierii din comitatele Delta și Montrose, Colorado, au pierdut un contract substanțial pentru cultivarea orzului, ceea ce le punea viitorul sub semnul întrebării. Industria agricolă trecuse prin mari dificultăți. Inflația, ratele mari ale dobânzilor și alți factori au dus la o reducere dramatică a numărului de ferme. Situația era gravă, așa că guvernatorul și-a trimis echipa economică pentru a propovădui agricultura cu valoare adăugată. John Harold, un fermier din partea locului și un personaj bine cunoscut, s-a hotărât să riște și să parieze pe porumbul dulce de Olathe. E chiar ca în bine cunoscuta zicală că, dacă ai o lămâie, poți să faci limonadă. În 1985, a livrat 12 568 de lăzi de porumb. Acum livrează 500 000 de lăzi pe an. Cum s-a întâmplat?

Orice problemă poartă sămânța unei binefaceri egale sau mai mari.

Porumbul de Olathe fusese multă vreme un aliment preferat în zona Western Slope. După ce Harold a îmbunătățit metodele de stocare și procesul de transport și a asigurat livrarea produsului proaspăt, porumbul a ajuns să fie preferat de la Atlanta până la Los Angeles.

Harold a jucat în primul rând rolul unui coordonator, lucrând împreună cu alți 24 de cultivatori. Au planificat recoltarea astfel încât să aibă loc peste opt săptămâni. Porumbul a fost pus în lăzi pe câmp, câte 48 de știuleți într-o ladă. Apoi a fost dus cu camionul la depozitul de 1 800 de metri pătrați al lui Harold. Lăzile au fost ridicate cu un motostivuitor, iar o mașină numită benă a injectat o soluție de gheață topită în fiecare ladă, pentru ca porumbul să fie ținut la răcoare. 75% din porumb ajunge în camioane chiar în ziua în care este cules și porumbul niciodată nu stă în răcitor mai mult de trei zile.

Adăugând valoare produsului lor, fermierii din comitatele Delta și Montrose au lansat o piață nouă, uriașă, datorată în mare parte dorinței lui John Harold de a-și asuma riscuri și a încerca ceva nou.

Dacă aveți spirit întreprinzător și sunteți dispuși să vă asumați unele riscuri, puteți transforma lămâile în limonadă.

Uneori tata câștigă. Băiatul de la facultate îi scrie tatălui său: „Nu înțeleg cum te poți considera un părinte bun când nu mi-ai trimis un cec de două luni! Ce fel de bunătate e asta?" Tatăl răspunse: „Băiete, asta se numește bunătate «permanentă»."

36
Liderii știu să comunice

EXISTĂ O VECHE ZICALĂ: „Un lucru care poate fi înțeles greșit va fi înțeles greșit." Următoarea hotărâre, luată la ședința consilierilor din Canton, Mississippi, pe la jumătatea secolului al XIX-lea, vorbește despre un lucru care n-a putut fi nici înțeles, nici aplicat: „Numărul unu: S-a hotărât de către prezentul Consiliu că se va construi o nouă închisoare. Numărul doi: S-a hotărât că noua închisoare va fi construită cu materiale provenite de la cea veche. S-a hotărât că vechea închisoare va fi folosită până la finalizarea celei noi."

Tactul este arta de a pune oamenii pe foc fără a le face sângele să fiarbă.

Din multe puncte de vedere, o comunicare eficientă începe cu respectul reciproc — o comunicare ce îi inspiră, îi încurajează sau îi învață pe alții să dea tot ce au mai bun în ei. Când îi respectați pe oameni, nu-i veți trata niciodată cu grosolănie. Așadar, dacă îi tratați cu respect, ei vă vor oferi cu entuziasm cooperarea lor și nu va fi nevoie s-o obțineți cu forța. Oamenii care sunt respectați vor depune mai multe eforturi pentru a obține performanțe înalte, fiind dornici să facă tot mai mult și mai mult.

Dacă oamenii vă plac, vor munci mai mult pentru voi. Dacă nu vă plac, poate că vor munci pentru a-și păstra slujba, dar nu vor depune tot efortul de care sunt în stare. Oamenii pot reuși să-și păstreze slujba fiindcă datoria și responsabilitatea le cer să-și facă bine treaba. Dar dragostea și încurajarea le permit să lucreze frumos. Când le comunicați oamenilor că îi iubiți și îi respectați sincer, iar cuvintele vă sunt susținute de acțiune, veți stabili relații bune cu ei și veți clădi încredere.

Abilitatea de a comunica nu se învață ușor, dar începe prin a asculta cu seriozitate ce au de spus ceilalți. Ascultând cu respect, veți afla lucruri care pot produce o schimbare. Rezultatul va fi consecvența, iar performanțele consecvente sunt cheia progresului. Însușiți-vă și aplicați aceste concepte.

Șeful meu este un om de cuvânt, iar acest cuvânt este ieftin.

37

Progresul în viață

CINEVA A FĂCUT OBSERVAȚIA CORECTĂ că atunci când angajezi oameni mai deștepți decât tine, dovedești că ești mai deștept decât ei. Acest lucru este valabil în toate domeniile. Managerul de vânzări ar trebui să urmărească în mod consecvent să angajeze agenți de vânzări care știu să vândă mai bine decât el. În acest fel, pot face schimb de informații și vor deveni cu toții mai eficienți. În plus, continuând să învețe de la fiecare vânzător, managerul va fi mereu cu un pas înaintea lor. Exact același lucru este valabil și în antrenamentele sportive. Un bun antrenor de echipă va căuta antrenori secunzi care știu mai multe decât el despre specialitatea lor și va învăța de la ei. La fel e și cu managerii din producție, inginerie, arhitectură și alte domenii.

Între un om înțelept și un tip isteț e o diferență uriașă.

Cu mulți ani în urmă, Laurence Welk a angajat un acordeonist pe nume Myron Floren. Era considerat cel mai bun în profesia sa. Când dl Welk i-a spus managerului său de afaceri ce făcuse, acesta s-a înfuriat. Considera că un singur acordeonist în orchestră era suficient. Dl Welk s-a mulțumit să zâmbească și i-a spus că angajarea era un fapt împlinit. În prima seară în care managerul l-a auzit pe Myron cântând în orchestră cu Laurence Welk, i-a spus acestuia din urmă că noul acordeonist este mai bun decât el. Laurence Welk a zâmbit și a recunoscut: „Nici nu pot angaja un alt fel de muzician." Aceasta este cea mai bună metodă pentru a avea succes. De asemenea, este unul din motivele pentru care dl Welk și formația sa „Champagne Music" au încântat patru generații consecutive de melomani. Măiestria și angajamentul de a le oferi clienților cel mai bun produs sunt profeții succesului pe termen lung.

Cu toții putem învăța și beneficia de cunoștințele și talentele altora. Nu vă lăsați intimidați de cineva cu un curriculum vitae mai bun și nu vă simțiți superiori unei persoane care s-a bucurat de mai puțin succes decât voi. Învățați de la amândoi.

Șeful citește biletele din cutia cu sugestii și se plânge că angajații nu s-au exprimat destul de clar. „Ce fel de zmeu? Care lac?" (Revista *American Legion*)

38

Cum să termini cu bine

CU CÂȚIVA ANI ÎN URMĂ, soția mea și cu mine am asistat la spectacolul muzical *Crazy for You* (*Nebun după tine*). În cursul încântătorului spectacol, am observat numeroase principii importante pe care ar trebui să le aplice oricine își dorește o viață fericită și plină de succes. În primul rând, toți cei 28 de membri ai trupei au dat tot ce era mai bun în ei, de la primul până la ultimul cuvânt. În al doilea rând, entuziasmul fiecărui interpret era absolut remarcabil. Trei: indiferent de dimensiunea părții pe care o avea de interpretat, fiecare s-a implicat total. Patru: angajamentul lor de a da tot ce aveau mai bun era evident și plin de însuflețire. Cinci: se încurajau unii pe alții folosind limbajul trupului și zâmbete. Șase: spiritul lor de echipă, inclusiv eforturile mașiniștilor în cursul schimbărilor de decor, era absolut fenomenal. Șapte: aveau o încredere extraordinară în ei înșiși și în ceilalți. De exemplu: unii interpreți s-au aruncat pe spate de pe platformă, fără a se uita, în brațele întinse alte colegilor lor. Opt: sincronizarea a fost absolut magnifică. Nouă: se distrau. Zece: era evident că se pregătiseră bine. Unsprezece: entuziasmul lor din timpul spectacolului ne-a sporit bucuria de a-i urmări.

Dăruirea totală în atingerea unui ideal demn de
urmat este cheia înaltelor performanțe.

Pentru a-l parafraza pe Will Rogers, interpreții știau ce fac, credeau în ceea ce fac și le plăcea ceea ce fac. Ca să merg un pas mai departe, aș spune chiar că erau pasionați de ceea ce fac — și asta se vedea.

Elementele care au asigurat succesul spectacolului sunt aceleași cu elementele care vă pot asigura succesul în viață. În concert, era vorba de competență și profesionalism. Dacă adăugăm aceste elemente în viața noastră de fiecare zi, productivitatea noastră va crește spectaculos, viitorul va fi infinit mai luminos, siguranța slujbei va spori semnificativ și vom termina cu bine. Îndemnul meu este să urmați acești pași, fiindcă sunt treptele scării către un succes echilibrat.

Tânărul avocat îi spuse asociatului său: „Parcă îmi vine să-i spun din nou judecătorului ăla unde să se ducă." „Cum adică, din nou?" „Ei bine", răspunse tânărul avocat, „tot așa îmi venea și săptămâna trecută."

39
Ajută-i pe ceilalți — ajută-te pe tine

CINEVA A REMARCAT ODATĂ CĂ ACELA care e absorbit în întregime de sine însuși e ca un pachet foarte mic, ce conține o persoană nefericită. Gândiți-vă puțin: ați cunoscut vreodată un egocentrist într-adevăr fericit?

Îmi place foarte mult o poveste spusă adesea, despre un om care plecase într-o excursie pe munte. A fost surprins de o furtună de zăpadă neașteptată și curând s-a rătăcit. Știa că trebuie să găsească repede un adăpost, fiindcă altfel avea să înghețe. În ciuda tuturor eforturilor sale, mâinile și picioarele i-au amorțit curând. În drumul său, a dat peste un alt om care era aproape înghețat. Călătorul trebuia să ia o hotărâre: să-l ajute pe omul acela sau să-și continue drumul, în speranța că se va salva?

Hristos a spus: „Și care e mai mare dintre voi să fie servitorul vostru."

Într-o clipă, s-a hotărât și și-a aruncat mănușile înghețate. A îngenuncheat lângă omul acela și a început să-i maseze brațele și picioarele. După ce muncise preț de câteva minute, omul începu să reacționeze și în curând fu în stare să se ridice. Împreună, sprijindu-se unul pe celălalt, cei doi găsiră ajutor. Mai târziu, excursionistul află că, ajutându-l pe celălalt, de fapt se ajutase pe sine. Amorțeala îi dispăruse în timp ce masa brațele și picioarele străinului. Activitatea intensă i-a îmbunătățit circulația și i-a încălzit mâinile și picioarele.

În mod ironic, dar nu surprinzător, când s-a pierdut din vedere pe sine și situația lui și s-a concentrat asupra altcuiva, și-a rezolvat propria problemă. Sunt convins că singura cale de a ajunge pe culmile vieții este să uităm de noi și să-i ajutăm pe alții să ajungă mai sus.

Procentele au o aplicabilitate foarte ciudată. Am întâlnit 200 de oameni care și-au găsit farurile de la mașină sparte în parcări, dar n-am întâlnit pe nimeni care să fi spart farul altcuiva. (Bill Vaughn)

40

Prieteni

JOHN CHERTEN COLLINS A DECLARAT: „În vremuri bune, prietenii ne cunosc. În vremuri grele, noi îi cunoaștem pe ei." În dicționarul Noah Webster din 1828 se spune că un *prieten* este „Cineva atașat de altcineva prin afecțiune; cineva care nutrește pentru altcineva sentimente de stimă, respect și afecțiune, care îl fac să-și dorească să fie în compania lui și să-l ajute să dobândească fericirea și prosperitatea". Cu alte cuvinte, un prieten este cineva dornic să facă ceva pentru o altă persoană. Un prieten este un însoțitor, un tovarăș, un sprijin; cineva care ne îmbunează. Este o formă de adresare.

Nimeni nu are atâția prieteni încât să-și permită să piardă unul.

Sunt de acord cu afirmația că dacă la sfârșitul vieții noastre există cel puțin doi oameni care ne sunt prieteni adevărați, dispuși să facă orice pentru noi, în orice clipă, care sunt lângă noi când ne doare sau când avem nevoie de ajutor, atunci suntem cu adevărat norocoși. Cu prietenii putem vorbi despre orice aspect al vieții — despre bucuriile noastre, despre încercări, victorii, tragedii, speranțe, dorințe și nevoi. Ne putem deschide în fața lor, știind că întotdeauna vor gândi și vor acționa spre binele nostru. Joseph Addison susținea că „prietenia ne sporește fericirea și pune capăt durerii, fiindcă bucuria o înmulțește cu doi și amărăciunea o împarte la doi". Robert Hall a afirmat că „cel care a dobândit un prieten chibzuit și plin de compasiune se poate spune că și-a dublat resursele mentale".

De vreme ce prietenii și prieteniile sunt atât de prețioase, cum poți dobândi mai multe? Dacă pornești în căutare de prieteni, vor fi greu de găsit. Dar dacă te vei strădui să fii un prieten, îi veți găsi pretutindeni. Samuel Johnson spunea: „Dacă un om nu-și face noi cunoștințe pe măsură ce înaintează în viață, curând se va trezi complet singur. Prietenia trebuie să fie într-o reînnoire constantă." Urmați acest sfat și nu veți mai fi singur.

Reprezentantul statului Illinois, Ellis Levin, a trimis o scrisoare pentru colectare de fonduri în care afirma că ar fi obținut o „recunoaștere specială" din partea Chicago Magazine. *Și chiar obținuse. Revista îl denumise „unul dintre cei mai proști zece legiuitori".*

41
Ea a tras linia

PROBABIL N-AȚI AUZIT NICIODATĂ de dr. June McCarroll, dar ea este într-adevăr una dintre femeile care au lăsat un semn în această lume. Născută în Nebraska, era medic generalist și trăia în California. Interesant este însă faptul că renumele ei nu e legat de lumea medicinei. Un accident a determinat-o să se gândească la un mod de a spori siguranța autostrăzilor. Mașina ei a fost lovită din lateral și s-a hotărât să facă ceva în legătură cu mașinile care îi dădeau pe ceilalți la o parte din drum.

Dacă veți crede cu adevărat, veți persevera.

În timp ce conducea de-a lungul unui drum care era mai bombat spre centru, a observat că ridicătura le permitea motocicliștilor să rămână pe partea pe care conduceau. Asta i-a dat o idee și a încercat să convingă primăria să „deseneze o linie în mijlocul drumului" pentru a da un exemplu și „să conducă națiunea în siguranță". A primit un răspuns tipic birocratic, cum că ideea ei era ingenioasă, dar nepractică. Însă dr. McCarroll era unul dintre acei oameni care nu acceptă un răspuns negativ, așa că și-a expus ideea la clubul local al femeilor. Proiectul ei a fost aprobat în unanimitate. Însă așa cum se spune, unele minți sunt ca niște planșee de beton — foarte greu de clintit din loc. A continuat să se lupte cu încăpățânarea birocraților timp de șapte ani îndelungați, până când ideea ei a fost în cele din urmă pusă în aplicare.

C. N. Hamilton a fost un susținător local devotat al ideii dr. McCarroll și când a devenit membru al comisiei autostrăzilor din California, în 1924, a convins comisia să aprobe trasarea unei linii experimentale, pe o distanță de cinci mile, pe drumul 99. A fost trasată încă o bandă de test. Pe ambele porțiuni, numărul accidentelor a scăzut spectaculos, iar în curând întregul stat se lăuda cu liniile dr. McCarroll pe autostrăzile sale. De atunci, exemplul a fost urmat de aproape întreaga lume.

Mesajul: Când aveți o idee în care credeți cu ardoare, urmăriți-o, mai ales dacă oamenii pe care îi respectați cred că e o idee bună. Nu vă dați bătuți, fiindcă o perseverență plăcută și cuviincioasă este deseori cheia realizărilor.

Un optimist este cineva care crede că musca din casă caută o cale de ieșire. (George Gene Nathan)

42
Dragostea spune „nu" clipei

HANNAH MOORE A SCRIS: „Dragostea nu gândește, dar dăruiește din belșug — dă tot ce are, ca un risipitor nechibzuit, apoi tremură de teamă să nu fi făcut prea puțin." Dr. James Dobson a făcut observația corectă și înțeleaptă că dragostea, în absența instruirii, nu va putea da naștere unui copil înzestrat cu autodisciplină, autocontrol și respect pentru semenii săi. Rezultatul este lipsa de armonie.

A crede că dragostea singură este suficientă denotă o lipsă de înțelegere dezastruoasă a dragostei adevărate. Dragostea nu le dă întotdeauna celorlalți ceea ce vor; dragostea face pentru ceilalți ce e mai bine pentru ei. Asta îmi amintește de bunul meu prieten — de fapt, îmi este mai mult ca un frate — Bernie Lofchick, din Winnipeg, Canada. Fiul lui, David, s-a născut cu paralizie cerebrală și la început i-a fost extrem de greu.

Căci Dumnezeu așa a iubit lumea, încât pe Fiul Său Cel Unul-Născut L-a dat ca oricine crede în El să nu piară, ci să aibă viață veșnică.
EVANGHELIA DUPĂ IOAN 3, 16

Când David avea cam 18 luni, Bernie și soția lui Elaine au fost nevoiți să-i pună în fiecare noapte legături la picioare. Doctorul i-a instruit să le lege treptat din ce în ce mai strâns, ceea ce îi provoca băiatului dureri mari. De multe ori, David îi ruga „Trebuie să le punem astă-seară"? sau „Trebuie să le legăm atât de strâns?" Dar Bernie și Elaine Lofchick îl iubeau atât de mult pe David încât au fost în stare să spună „nu" lacrimilor momentului pentru a putea spune „da" râsetelor de o viață întreagă.

Astăzi, David este un om de afaceri activ, sănătos și plin de succes, cu o soție și trei copii frumoși. Povestea lui este rezultatul dragostei profunde a părinților lui, care au fost dispuși să facă pentru David ce era mai bine pentru el, nu ceea ce dorea el în acel moment.

Gândiți-vă la asta. Fie ca acest fel de dragoste să fie sentimentul suprem din viața voastră.

Unii oameni sunt ca niște sugative — absorb totul, dar dau totul înapoi.

43
Să fim chit

„ÎNTR-O ZI O SĂ FIM CHIT!" este o afirmație pe care am auzit-o cu toții. Oamenii amenință că se vor răzbuna pe alții sau chiar ajung să o facă. Problema este că în acest fel niciodată nu vor ajunge mai buni decât ceilalți — ceea ce doresc de fapt cei mai mulți dintre noi.

Îmi place o poveste despre ce s-a întâmplat pe vremea Zidului din Berlin. Într-o zi, niște locuitori din Berlinul de Răsărit au hotărât să le trimită adversarilor lor din Berlinul Occidental un mic „cadou". Au încărcat într-un camion gunoi, cărămizi sparte, pietre, materiale de construcții și diverse alte reziduuri. Au dus camionul de-a lungul graniței, au obținut permisul de trecere și au aruncat tot gunoiul de partea Berlinului Occidental.

Lucruri pe care le puteți dărui și păstra în același timp: cuvântul, un zâmbet și o inimă recunoscătoare.

Nu e nevoie să mai spun că locuitorii din Berlinul Occidental au fost indignați și s-au decis să se răzbune. Aveau de gând „să le plătească cu aceeași monedă". Din fericire, un om foarte înțelept a intervenit și le-a dat un cu totul alt sfat. Prin urmare, au încărcat într-un camion de gunoi alimente (greu de găsit în Berlinul de Răsărit), haine (tot greu de găsit), medicamente (și mai greu de găsit) și o mulțime de alte lucruri importante. Au dus camionul dincolo de graniță, au descărcat totul cu grijă și au lăsat o pancartă pe care scria: „Fiecare dă ceea ce poate."

Locuitorii Berlinului Occidental au urmat literalmente filozofia lui Booker T. Washington: „Nu voi permite nimănui să-mi micșoreze și să-mi degradeze sufletul, făcându-mă să-l urăsc." În Biblie se spune că, atunci când răsplătești răul cu bine, „așezi cărbuni încinși" pe capul celuilalt. În vremurile biblice, a pune cărbuni încinși pe capul unui dușman era o faptă răsplătită de Dumnezeu. Probabil vă vine să zâmbiți când vă întrebați ce au simțit berlinezii de răsărit, pe lângă recunoștința față de atât de necesarele daruri primite. Pot să pun pariu că s-au simțit întru câtva jenați de propria lor atitudine.

Mesajul: Omorâți-i cu bunătatea. Nu răspundeți la rău cu rău. Fiți mai mărinimoși.

Băiatul meu de șase ani tocmai a primit un cățel, așa că îl vom trimite la școala de dresaj și, dacă dă rezultate, trimitem și câinele. (Family Life)

44

Este o filozofie, nu o tactică

DESEORI SPUN CĂ „ÎN VIAȚĂ poți avea tot ce vrei dacă vei ajuta suficienți oameni să obțină ceea ce vor". Iată o povestire care dovedește acest lucru într-un mod foarte interesant — și capabil să salveze vieți.

Dr. Bob Price de la Tri-City Hospital mi-a trimis următorul giuvaier: una dintre cele mai grozave istorisiri despre succes din istoria Statelor Unite în secolul XX este povestea podului Golden Gate. Acesta a fost finanțat în mare parte de Marin County și San Francisco, cele două comunități între care avea să asigure legătura. Sub pod erau alte două „comunități". Una dintre ele era comunitatea oamenilor care lucrau la construirea podului, iar cealaltă era compusă din oameni care așteptau să moară cineva pentru a obține o slujbă.

Frica — indiferent dacă e frica de a cădea, frica de eșec sau frica de a rămâne pe dinafară — este o povară foarte grea.

Uneori nu erau nevoiți să aștepte prea mult, fiindcă în prima parte a lucrărilor nu s-au folosit dispozitive de siguranță, așa că au murit 23 de oameni, căzând de pe pod. Pentru ultima parte a proiectului, s-a pus în funcțiune o plasă de protecție care a costat 100 000 de dolari. Cel puțin zece oameni au căzut în ea și viețile le-au fost salvate. Partea cea mai interesantă este însă că odată ce oamenii au simțit că viețile lor sunt în siguranță, productivitatea a crescut cu 25%. Acest procent a răscumpărat din plin costul plasei de siguranță, ca să nu mai vorbim de familiile muncitorilor și de cei ale căror vieți au fost salvate.

Ambele comunități au obținut ce doreau. Acel pod minunat a servit unui scop extraordinar și totul a fost obținut la un preț mult mai mic, fiindcă muncitorii au obținut ce-și doreau — o slujbă bună, sigură, bine plătită. Gândiți-vă la asta. Adoptați această filozofie.

Chiar și pe trambulina succesului trebuie să te clatini puțin.

45

„Sunt ceea ce fac"

CU CÂȚIVA ANI ÎN URMĂ AM AUZIT despre o reclamă dintr-o revistă de sport, care îi sfătuia pe vânători cum să nu facă risipă de cartușe. Reclama spunea: „Această informație vă costă un dolar." O mulțime de oameni a trimis câte un dolar, iar sfatul era următorul: „Trageți o singură dată." Cu toate că era decepționant, și sunt sigur că mulți dintre cititori s-au supărat fiindcă fuseseră trași pe sfoară, sfatul era bun.

> Fii tu însuți. Ai putea fi un altcineva zgomotos, dar nimeni nu poate juca rolul tău la fel de bine ca tine.

Un exemplu clasic de persoană care n-a făcut risipă de cartușe este Chris Schenkel. Schenkel a fost unul dintre cei mai răbdători comentatori sportivi din istorie. Timp de peste patru decenii, deseori a fost numit drept „băiatul cel bun de la sport". Schenkel nu joacă un rol atunci când este recunoscut drept băiatul cel bun care caută ce e bun în ceilalți. În ciuda criticilor că ar fi prea darnic cu laudele și nu judecă sau critică suficient, Schenkel declară: „Sunt ceea ce fac."

Visul lui Chris Schenkel de a fi comentator a luat ființă în anii 1930. Asculta meciurile de baseball la radio și studia stilul crainicului. Tatăl lui i-a cumpărat un aparat de înregistrare a discurilor audio. Chris a înregistrat meciurile și a exersat, imitându-l pe crainic. Pe când era boboc la Universitatea Purdue, Chris și-a luat o slujbă pe perioada verii la WLBC, în Muncie, Indiana, pentru 18 dolari pe săptămână. În 1952, a început să lucreze pe post de crainic suplinitor pentru concursurile ABC de la radio. Mai târziu a devenit crainic de televiziune pentru meciurile de fotbal ale echipei New York Giants. Scopul său a fost întotdeauna să dea tot ce e mai bun în el, folosindu-și capacitățile și fiind el însuși.

Astăzi, Chris Schenkel este unul dintre cei mai respectați crainici din America și a ajuns în această situație înțelegând cine este, căutând pretutindeni binele, concentrându-și eforturile și încercând să nu facă risipă de lovituri. Mesajul este clar: „Ești ceea ce faci."

Nimeni nu apreciază valoarea criticii constructive la fel de mult ca acela care o face.

46
Întreprinzătorul de zece ani

MARC WRIGHT ESTE UN PERFORMER experimentat în lumea liberei inițiative și a oportunităților. Este președintele companiei Kiddie Card și unul dintre cei mai tineri întreprinzători din Canada. Marc și-a început afacerea la numai șase ani, după ce ascultase câteva casete motivaționale. În urma unei vizite la un muzeu de artă, Marc s-a gândit să facă niște desene și să vadă dacă ar putea câștiga bani. Mama lui i-a sugerat să deseneze cărți poștale și să le vândă. Succesul a venit imediat, pe baza unor idei deosebite.

Ideile nu țin cont de vârsta, sexul, rasa, credința sau culoarea celui care le are sau de felul în care sunt folosite.

Marc bate la uși (întâmplător, mama sa merge cu el) și își susține scurtul, dar eficientul discurs de vânzări. Se prezintă: „Bună ziua. Numele meu este Marc și sunt pe cale să înghet! Vând felicitări. Câte ați dori să cumpărați? Iată câteva. Luați-le pe cele care vă plac și dați-mi pe ele cât vreți." Felicitările sale sunt desenate de mână pe hârtie roz, verde și albă. Înfățișează anotimpurile anului și Marc le vinde circa trei zile pe săptămână, timp de șase sau șapte ore. Primește circa 75 de cenți pe o felicitare și vinde cam 25 de felicitări pe oră.

Marc și-a dat seama repede că va avea nevoie de ajutor, așa că în prezent personalul său numără zece membri, în principal artiști care desenează. Îi plătește cu un sfert de dolar pentru fiecare desen original. Și-a extins activitatea făcând vânzare prin poștă și pare să fie din ce în ce mai ocupat. În primul său an în afaceri, Marc a câștigat 3 000 de dolari — suficient pentru a-și duce mama într-o excursie la Disneyland.

La zece ani, Marc a devenit un fel de celebritate. A apărut la emisiunea *Late Night with David Letterman* (*Noaptea târziu cu David Letterman*) și a fost intervievat de Conan O'Brien.

Marc a avut o idee, nu s-a gândit câți ani are, a primit încurajări de la mama lui și și-a început afacerea. Întrebare: Aveți o idee care poate fi vândută? Dacă răspunsul este „da", treceți la acțiune!

Proprietarul casei către reparatorul TV: „Se strică atât de des încât îi spun «Bătrânul decolorat»." (Bob Thaves, Newspaper Enterprise Association)

47
Manierele contează

ÎN ZIUA DE AZI, RAREORI ȚINEM cont de bunele maniere. Însă a avea bune maniere, inclusiv a-ți exprima recunoștința, este un lucru extrem de valoros. Dacă neglijăm să le cerem copiilor noștri să spună „mulțumesc" când cineva le face un cadou, le spune ceva drăguț sau face ceva pentru ei, creștem niște copii nerecunoscători, cu mari șanse de a fi nefericiți. Rareori întâlnim fericire fără recunoștință. Dar dacă manifestăm recunoștință, șansele de succes cresc spectaculos și rezultatul este fericirea.

Recunoștința este cea mai sănătoasă emoție umană.
HANS SELJE

Un exemplu foarte bun pentru ce înseamnă să-ți manifești recunoștința este povestea lui Roy Rogers. După ce a jucat în primul lui film, a început să primească maldăre de scrisori de la fani și ar fi dorit să le răspundă. Însă salariul lui de 150 de dolari pe săptămână nici măcar nu acoperea taxele poștale. A vorbit cu șeful de la Republic Pictures, în speranța că studioul se va ocupa de o parte din corespondența lui. Dar a fost refuzat scurt și i s-a spus că e o nebunie să se gândească să răspundă la scrisori. Era nevoie de prea mult timp și bani.

Roy Rogers era unul dintre acei oameni de treabă care nu sunt dispuși să înghită așa ceva. Credea că dacă cineva se gândea la el îndeajuns pentru a-i scrie o scrisoare de admirație, ar trebui să aibă destul respect pentru acea persoană ca să-i răspundă. Din fericire, filmul care i-a provocat această „problemă" l-a făcut atât de popular, încât și-a permis să plece într-un turneu personal. A călătorit multe mile și a făcut nenumărate popasuri de o seară ca să câștige banii pentru salariile celor patru persoane care-i răspundeau la scrisori.

Datorită faptului că a răspuns la toate scrisorile fanilor săi, a dobândit o bază de admiratori care i-au rămas fideli timp de foarte mulți ani. Da, băieții de treabă și fetele bune sunt cei care câștigă. Deci cultivați-vă bunele maniere, respectați-i pe ceilalți și fiți recunoscători pentru ceea ce aveți.

Nu-mi pasă că fiul meu câștigă mai mult decât câștigam eu la prima mea slujbă. Ceea ce mă deranjează e că are doar șase ani și e vorba de alocația lui!

48

Pe aici către fericire

CU MULȚI ANI ÎN URMĂ AM AUZIT următoarea afirmație: „Fericirea nu înseamnă plăcere. Înseamnă victorie." Iată un lucru plin de adevăr.

Putem spune că fericirea este un lucru pe care și-l dorește oricine. E adevărat că ceilalți îți pot oferi plăcere, dar nu vei fi fericit până când nu vei face ceva pentru ceilalți. Nimic nu-mi aduce atâta încântare și fericire decât a face pentru alții ceva care le sporește bucuria de a trăi. Întâmplător, fericirea nu se poate cumpăra cu bani, deși e adevărat că o sumă potrivită de bani ne poate ajuta să dăm la o parte din drum niște lucruri care produc disconfort.

Lucrurile cele mai importante din viață sunt cele care nu pot fi măsurate.

Cercetările au relevat faptul că oamenii care sunt absorbiți de lucrurile care le plac și pe care le consideră interesante au făcut un pas către fericire. Cercetătorii au recunoscut de mult faptul că oamenii (mai ales bărbații) care sunt căsătoriți sunt mai fericiți și trăiesc mai mult. Cei care fac exerciții fizice în mod regulat și se păstrează într-o bună formă fizică, mai ales în ceea ce privește respirația, sunt mai fericiți.

Un articol din *Psychology Today* afirmă că o metodă de a fi fericit este de „a avea grijă de suflet". Articolul evidențiază faptul că oamenii activi din punct de vedere religios sunt în general mai fericiți și fac față mai bine crizelor. Credința le oferă o comunitate care îi susține, un sens al vieții, un motiv pentru a se concentra pe ceva din afara lor și o perspectivă atemporală asupra bucuriilor și necazurilor vieții.

Un studiu condus de David Jensen de la UCLA, efectuat asupra unei game largi de persoane de toate profesiile, a ajuns la concluzia că oamenii care își stabilesc scopuri și concep un plan de acțiune pentru a le atinge sunt mai fericiți și mai sănătoși, câștigă mult mai mulți bani și se înțeleg mai bine cu cei din familie decât oamenii care nu și-au definit niște obiective clare. Gândiți-vă la fericire atunci când vă stabiliți scopurile.

Tânărul director executiv către prietenul său: „Șeful meu și cu mine nu ne certăm niciodată. El face cum vrea el, și eu la fel." (Cincinnati Enquirer)

49

Viața e ca o piatră de moară

CRED CĂ ACEST TITLU ESTE ADEVĂRAT. Viața este într-adevăr ca o piatră de moară, pentru că fie te va măcina, fie te va șlefui. Se pare că sunt oameni care și-au revenit de pe urma nenorocirilor, a înfrângerii și a oricărei probleme imaginabile. Cu siguranță că Iyanla Vanzant face parte dintre aceștia. Conform unui articol de pe 28 iunie 1995 din *Dallas Morning News*, Iyanla a fost violată când avea doar nouă ani. A avut un copil la 16 ani și o cădere nervoasă la 22. Apoi a petrecut 11 ani în prosperitate.

Înțelepți sunt cei care au învățat aceste adevăruri:
problemele sunt trecătoare, timpul este un tonic,
suferința este un laborator.
WILLIAM ARTHUR WARD

Voința ei de a câștiga și spiritul ei combativ, însoțite de sacrificiu, perseverență și credință, au propulsat-o pe Iyanla până în vârf. A obținut o diplomă în drept și a devenit avocat al apărării. În afară de asta, este scriitor, gazda unor emisiuni de radio și televiziune și un vorbitor inspirat. Mesajul ei universal pare să se tragă din spiritualitatea pe care o aveau bunicile noastre. Este o dovadă vie a faptului că nu contează de unde vii și nici ce ți se întâmplă pe drum. Contează să perseverezi și să nu renunți niciodată la tine însuți.

Este o persoană entuziastă și optimistă, căreia îi face mare plăcere să-i convingă pe ceilalți că și ei pot obține tot ce-și doresc și pot face lucruri extraordinare în viață, indiferent de trecutul lor. Știe, și le spune și altora, că nu e ușor, dar crede că e posibil. Aș adăuga că și eu împărtășesc aceeași convingere, așa că mobilizați-vă, treceți la treabă cu atitudinea potrivită, nu renunțați și se vor întâmpla lucruri bune.

La secția locală de poliție, un om tocmai plătea o amendă de circulație, cu un aer foarte nemulțumit. Când funcționarul îi înmână o chitanță, mârâi: „Ce să fac cu asta?" „Păstrați-o", spuse funcționarul vesel. „Când aveți zece, primiți o bicicletă." (M. Dwight Bell)

50
Se caută: încă un prieten

CINEVA A REMARCAT CĂ UN STRĂIN este doar un prieten pe care încă nu l-ai cunoscut. Dicționarul meu de încredere Noah Webster din 1828 spune că un prieten este cineva atașat de o altă persoană prin afecțiune, ceea ce îl face să-și dorească să fie în compania lui, sau cineva care are suficient interes pentru a servi pe un altul.

Definiția din dicționar este o descriere cuprinzătoare a lui Mike Corbett care, pe 19 iulie 1989, împreună cu prietenul lui Mark Wellman, a luat cu asalt El Capitan. El Capitan este un perete de stâncă de 1 242 de metri înălțime, aflat deasupra Yosemite Valley în California de Nord. Este unul dintre munții cei mai greu de escaladat de către alpiniști. Dificultatea și pericolul sunt suficiente pentru a testa forța și curajul celor mai faimoși cățărători din lume.

Viața este o treabă incitantă, mai ales dacă o trăiești pentru alții.
HELEN KELLER

Wellman și Corbett au avut nevoie de șapte zile ca să urce. Au înfruntat temperaturi de până la minus 40 de grade Celsius și rafale de vânt care au făcut cățărarea și mai dificilă. Când au ajuns în vârf, Corbett s-a ridicat triumfător în picioare, iar Wellman a rămas în scaunul său. Wellman este prima persoană care a escaladat El Capitan fără a-și folosi picioarele.

Wellman renunțase la cățărat în 1982, după ce rămăsese paralizat în urma unei căderi. De atunci încolo, nu se mai cățărase pe stânci decât în visurile sale. Apoi Corbett l-a convins că ar putea să urce muntele împreună. Cu siguranță, Wellman n-ar fi putut s-o facă fără Corbett, care a deschis drumul și l-a ajutat pe prietenul lui să parcurgă fiecare etapă, mai sus și mai sus. Apogeul prieteniei și al curajului a fost atins în cea de-a șaptea zi, când Corbett n-a reușit să înfigă bine pitoanele în stânca nesigură de la poalele vârfului. Știind că un pas greșit i-ar fi trimis pe amândoi în brațele morții, Corbett l-a luat pe Wellman în spate și a urcat distanța rămasă până la vârf.

O vorbă străveche, dar foarte adevărată, spune că, dacă vrei să ai un prieten, trebuie să fii un prieten. Te încurajez să fii un prieten așa cum a fost Mike Corbett pentru Mark Wellman.

Secretul pentru a fi un bun manager este să-i ții pe cei care te urăsc la distanță de cei încă nehotărâți. (Casey Stengel)

51

Un personaj de neuitat

POVESTEA LUI EARTHA WHITE a apărut în *Reader's Digest* cu aproape 40 de ani în urmă. Era fiica înaltă de un metru și jumătate a unui fost sclav. Ea credea că „serviciile sunt prețul pe care-l plătim pentru spațiul ocupat pe această planetă". A trăit după principiul că fiecare dintre noi trebuie să facă tot binele pe care-l poate face, în toate felurile posibile, în toate locurile, pentru toți oamenii și în orice moment.

Iubește-ți dușmanii. Fără ei, probabil că n-ai putea să dai vina decât pe tine.

Domnișoara Eartha a renunțat la o promițătoare carieră de operă pentru a se alătura mamei sale, în încercarea de a da o mână de ajutor celor care veneau la cantina gratuită ținută de mama ei. A fost profesoară timp de 16 ani, apoi și-a folosit micile economii pentru a deschide un magazin universal destinat în principal americanilor de culoare. A deschis o spălătorie de rufe, o agenție de locuri de muncă, o agenție imobiliară și o afacere de asigurări. A strâns o avere estimată la peste un milion de dolari, pentru a investi cea mai mare parte din ea în proiecte care au transformat-o într-un adevărat „sistem de protecție socială".

Scopul vieții ei a fost să-i ajute pe oameni. S-a aplecat ca să-i ridice pe cei care aveau nevoie de o mână de ajutor. A înființat o pensiune pentru indigeni și un spital de caritate pentru cei care deveniseră complet neajutorați. Le-a oferit un cămin mamelor necăsătorite și într-un altul i-a îngrijit pe alcoolici ca să-și recapete cumpătarea. A donat clădiri pentru două centre de îngrijire a copiilor și a transformat un fost cinematograf într-un centru de distracție pentru copiii din mahalale. Credința ei profundă ne conduce către un citat din *Ioan* 15, 7, care spune: „Dacă rămâneți întru Mine și cuvintele Mele rămân în voi, cereți ceea ce voiți și se va da vouă."

A muncit din greu, a dus o viață plină de speranță și a murit împlinită. Dacă fiecare dintre noi ar face doar o mică parte din ce a făcut ea, contribuția la societate ar fi semnificativă. Bucuria sinceră de a dărui și a munci pentru alții este greu de depășit. Treceți la acțiune. Urmați exemplul lui Eartha White și drumul către vârf va fi mai lin.

Un afiș în dreptul coșului cu mere, la un picnic al bisericii: „Dumnezeu vă urmărește, luați unul singur." Lângă tava cu prăjituri, pe un mic afiș, scrie: „Luați câte vreți. Dumnezeu e ocupat să supravegheze merele."

52
Nu contează de unde vii, ci încotro mergi

DAVE LONGABERGER A ABSOLVIT liceul la 20 de ani. A repetat o dată clasa întâi și de trei ori clasa a cincea. A învățat să citească în clasa a opta, se bâlbâia și suferea de epilepsie. În 1996, firma sa, The Longaberger Company, a câștigat peste 525 de milioane de dolari vânzând coșuri, ceramică, țesături și alte obiecte decorative lucrate manual, colaborând cu 36 000 de agenți de vânzări independenți din întreaga țară. Cum s-a întâmplat?

Geniul produce idei și concepte extraordinare.
Munca grea produce rezultatele.

Dave are o mulțime de calități pozitive. Are spirit de inițiativă. În copilărie, a avut atâtea slujbe, încât familia l-a poreclit „milionarul de 25 de cenți". Din aceste slujbe a învățat multe lecții importante. Pe când avea șapte ani și lucra la o băcănie, a învățat că pentru a fi pe placul șefului trebuia să afle ce voia acesta și să facă ce era nevoie. Apoi a studiat oamenii și a învățat despre ei la fiecare slujbă. De exemplu: munca poate fi distractivă și muncești mai bine atunci când îți place ce faci. Cu cât mai mult îl plăceau oamenii cu care avea de-a face, cu atât era mai probabil să lucreze în continuare cu el.

În armată a învățat despre regularitate, control, consecvență și ce înseamnă ierarhia centralizată. De asemenea, a învățat să-și asume riscuri și să nu-și risipească norocul. De exemplu, a deschis un mic restaurant pornind de la zero. În ziua deschiderii, a avut 135 de dolari pe care i-a folosit pentru a cumpăra alimente pentru micul dejun. După micul dejun, a avut destui bani ca să cumpere provizii pentru prânz, apoi a folosit banii câștigați pe masa de prânz ca să cumpere mâncare pentru cină. Asta înseamnă să pornești o afacere cu capital zero!

Mai târziu, Dave a cumpărat o băcănie care s-a bucurat de foarte mare succes. Se pregătea tot timpul pentru realizări din ce în ce mai mari. Optimismul, răbdarea și eforturile susținute i-au permis să depășească dificultățile. Cu toții avem de învățat din lecțiile pe care le-a învățat Dave în drumul spre succes. (Pentru a afla mai multe despre The Longaberger Company, vizitați pagina sa Web de la adresa www.longaberger.com.)

Țineți minte, unii dintre noi învață din greșelile celorlalți, iar restul trebuie să fie ceilalți.

53
O întâmplare ne poate schimba pentru totdeauna

ÎN SECOLUL AL XIX-LEA, erau un băiat bogat și un băiat sărac care trăiau în același cartier. Băiatul cel bogat purta haine frumoase, trăia într-o casă frumoasă și avea din belșug mâncare bună, sănătoasă. Băiatul cel sărac trăia într-o casă ieftină, purta haine zdrențuite și nu prea avea ce mânca. Într-o zi, băieții s-au luat la bătaie. Băiatul cel bogat a învins. Băiatul cel sărac s-a ridicat, s-a scuturat de praf și i-a spus celui bogat că, dacă ar fi avut mâncare bună, la fel ca acesta, el ar fi câștigat. Apoi i-a întors spatele și a plecat. Băiatul cel bogat a rămas pe gânduri, stupefiat de ceea ce-i spusese vecinul lui sărac. Își simțea inima zdrobită, fiindcă știa că era adevărat.

Scopul nostru în viață trebuie să fie acela de a ne ajuta unii pe alții, nu de a privi unii prin alții.

Băiatul cel bogat n-a uitat niciodată acea experiență. Din ziua aceea, s-a revoltat față de orice tratament favorizant. Și-a propus să poarte haine ieftine; a îndurat de bunăvoie greutățile cu care se confruntau oamenii săraci. Familia lui era deseori jenată de felul în care se îmbrăca, dar, în ciuda presiunilor acestora, tânărul n-a mai profitat niciodată de bogăția sa.

Nu se cunoaște numele băiatului sărac, dar băiatul cel bogat care a cultivat o asemenea compasiune față de cei săraci a făcut din asta un scop în viață. Numele lui se cunoaște. Și-a dedicat viața deservirii altora și a devenit un medic de renume mondial, lucrând în Africa. Numele lui era Albert Schweitzer.

Nu vă sugerez că toți ar trebui să fim la fel de altruiști ca Albert Schweitzer, dar cred că e nevoie să fim atenți la gândurile și sentimentele celorlalți. Foarte puțini oameni au avut o asemenea influență asupra lumii ca Albert Schweitzer. Și chiar mai puțini au obținut atâta satisfacție în viață ca el.

Un optimist este o persoană care își va cheltui ultimul dolar pentru a cumpăra un portmoneu.

54

Improbabil, imposibil și nu se poate întâmpla

ȘI-A ÎNCEPUT CARIERA în turneul Senior Professional Golf Association, purtând teniși și pantaloni de doi dolari. Nu avea mănușă. Avea o geantă de golf de 20 de dolari și o pereche de crose de 70 de dolari. Este burtos, are favoriți lungi, în joc stă cu picioarele depărtate și ține crosa strâns. Stă cu mâinile ridicate, depărtate și face un balans de trei sferturi. (Nu este tocmai stilul de joc promovat de profesioniștii de la PGA.)

Condu-ți ziua după ceas și viața după o viziune; ți se vor întâmpla lucruri bune.

Tocmai l-am descris pe unul dintre cei mai noi participanți la turneul Senior PGA. Robert Landers, la 50 de ani, trebuie să fie candidatul cel mai improbabil din programul prestigiosului turneu pentru profesioniști. Un scenarist probabil că n-ar fi reușit să vândă un asemenea scenariu la Hollywood. Robert a început să joace golf la 22 de ani și a participat la primul turneu când avea 28. Între 1983 și 1991 a avut niște probleme cu spatele care l-au împiedicat să joace sau să se antreneze pentru jocul de care era pasionat. De atunci a jucat, în medie, o dată pe săptămână. Este complet autodidact. N-a citit niciodată o carte de golf și n-a luat nicio lecție.

Acest jucător de golf a avut partea sa de reușite și eșecuri. Magazinul la care lucra pentru 18 000 de dolari pe an a dat faliment și așa se face că și-a pierdut slujba. A reușit să o scoată la capăt tăind și vânzând lemne de foc, ceea ce l-a ajutat să-și fortifice mâinile. Are o fermă mică și a exersat aruncând mingi de golf peste grajd și peste vaci. A retras 4 000 de dolari din fondul personal de pensie de 10 000 de dolari pentru a-și finanța călătoria în Florida, ca să se califice pentru turneu. Pare incredibil, dar a reușit.

Mesajul: Robert Landers a avut un vis a cărui împlinire era foarte improbabilă. S-a angajat să îl urmeze și să profite de orice ocazie pentru a se antrena și a se pregăti pentru provocare. S-a ferit de boala BDM (Bietul De Mine) și a investit în capacitățile sale naturale și în atitudinea de învingător. Cine știe? Poate că această abordare vă va ajuta și pe voi să vă împliniți visul.

Copilăria este o perioadă de schimbări rapide. Între vârsta de 12 și 17 ani, un părinte poate îmbătrâni cu 30 de ani!
(Sam Levenson)

55
Orele suplimentare înseamnă productivitate și profit suplimentar

POATE. SAU POATE CĂ NU. Într-un articol din *Wall Street Journal*, psihologul pe probleme de muncă John Kamp afirmă: „Fiecare își are limitele sale. Pentru fiecare persoană există un punct începând de la care orele suplimentare determină scăderea calității muncii și creșterea stresului." Între plusul de productivitate determinat de orele suplimentare și scăderea calității și a creativității rezultatelor acelor ore suplimentare pare să fie o linie de demarcație foarte subtilă.

Mergi cu piciorul cel bun înainte și nu-l târî pe celălalt.

În plus, cauza principală a scăderii productivității în America o reprezintă problemele din căsnicie, conform unui articol din *USA Today*. Se pare că mulți oameni care lucrează ore suplimentare pentru a fi mai productivi ajung de fapt să-și pună în dificultate atât productivitatea, cât și căsnicia. Oamenii care lucrează prea mult își pot pierde capacitatea de a aprecia și a atinge țelurile șefului lor. „Vrem să ne asigurăm că oamenii înțeleg ce rol joacă eforturile lor", spune Kirby Dyess, vicepreședinte de resurse umane la Intel. Firma Intel se preocupă și de efectul pe care-l are munca excesivă asupra vieții personale a lucrătorilor. În cursul unor cercetări din ultimii câțiva ani, spune dl Dyess, angajații de la Intel care au reușit să mențină un echilibru între obligațiile profesionale și cele personale au avut șanse mai mari de a suporta presiunile concurenței (cum ar fi ambiguitatea și schimbarea) decât cei care spuneau că viața lor este dominată de muncă.

Un studiu intern a arătat că în cadrul firmei Intel nu există nicio legătură între orele lucrate și avansare. Contează mai mult educația, experiența și rezultatele. Însă dl Dyess spune că uneori contează și orele suplimentare. Maury Hanigan, un consultant din New York pe probleme de strategii privind personalul, spune că într-o slujbă nouă „trebuie să investești timp ca să intri în ritm și să-ți pui amprenta", poate vreme de un an.

Viața personală, familia și munca sunt importante în egală măsură, iar liderii și managerii ascuțiți la minte sunt conștienți de acest lucru. Cea mai bună metodă de a avea succes este să menținem acest echilibru.

Pe unii oameni nu-i deranjează ideea de a intra în datorii, dar ideea de a se întâlni cu creditorii lor îi supără foarte tare.

56

Vaca ultradotată

EXISTĂ O POVESTE DESPRE UN FERMIER care s-a dus la un comerciant de automobile ca să cumpere un model cât mai simplu și în cele din urmă s-a ales cu ceva din cale-afară de înzorzonat. Mașina standard de 14 000 de dolari se transformase într-un vehicul de lux de 22 000 de dolari. Îi plăceau toate opțiunile suplimentare, dar, cinstit vorbind, își depășise bugetul. Câteva luni mai târziu, s-a ivit ocazia să reechilibreze bugetul, cel puțin parțial. Comerciantul care-i vânduse mașina a venit la el la fermă să cumpere o vacă. După ce a examinat cu atenție cireada, a ales o vacă și a întrebat: „Cât costă?"

Lucrurile mărețe se obțin încet. Dar nu poți obține nimic dacă stai nemișcat.

Fermierul i-a răspuns bucuros că prețul era de 395 de dolari. Vânzătorul fu mulțumit și spuse că o s-o cumpere.

Fermierul se duse în grajd, puse la punct detaliile, reveni și îi prezentă vânzătorului o notă de plată în valoare de 920,20 dolari. Bineînțeles, vânzătorul spuse, puțin jignit: „Dar parcă mi-ai spus că prețul este de 395 de dolari!" Fermierul îl asigură că acesta era prețul unei vaci standard, dar aceasta era înzestrată cu o husă din piele veritabilă de vacă, cu o greutate de două tone, în valoare de 95 de dolari. Apoi avea încorporat un stomac suplimentar pentru o capacitate și performanțe sporite, care făcea 110 dolari. Apărătoarea de muște atașată costa 35 de dolari, iar fiecare dintre cele patru dispozitive de distribuire a laptelui costa 15 dolari, ceea ce ducea la o sumă suplimentară de 60 de dolari. Cele două coarne colorate de câte 20 de dolari însemnau încă 40 de dolari, iar fabrica de însămânțare automată, garantată pe viață, costa încă 125 de dolari, deci în total 465 de dolari. TVA-ul reprezenta 60,20 dolari, deci nota de plată totală se ridica la 920,20 dolari.

Sunt sigur că mulți dintre voi, citind această povestire, îl înțelegeți foarte bine pe fermier. Poate că zâmbetul pe care vi l-a smuls această poveste și faptul că o puteți împărtăși și altora vor alunga o parte din durerea pe care o simțiți uneori când vă depășiți bugetul. Dați-i drumul și râdeți. Povestiți-o și altora.

Ultimul lucru pe care l-au făcut copiii mei ca să câștige bani a fost să-și piardă dinții de lapte. (Phyllis Diller, „Rod's Ponders", 16 mai 1994)

57

Oferă-ți recompense

WILLIAM ARTHUR WARD a fost și este unul dintre scriitorii mei preferați. Viziunile sale și capacitatea lui de a concentra o filozofie de viață în câteva cuvinte sunt cu totul remarcabile. Iată un exemplu din cartea sa *Oferă-ți recompense*:

Un om l-a sunat pe medicul său și i-a spus, tulburat: „Vă rog, veniți repede, domnule doctor. Băiatul meu mi-a înghițit stiloul."

Doctorul răspunse: „Vin imediat. Dar ce faceți între timp?"

„Scriu cu un creion", răspunse tatăl.

Ceea ce facem „între timp" este de o importanță vitală pentru viețile noastre — și ale celorlalți. Ceea ce facem în timpul liber ne poate înălța sau distruge. Ne poate aduce noroc sau ni-l poate spulbera.

A spune „nu sunt decât niște cuvinte" este ca și cum ai spune „nu e decât niște dinamită".

În timp ce așteptăm să se schimbe semaforul, ne putem ruga pentru președintele nostru, pentru țara noastră și pentru întreaga lume.

În timp ce așteptăm liftul, putem să stăm nemișcați și să știm că Dumnezeu există și se ocupă în continuare de acest univers.

În timp ce mergem la lucru, putem medita cu bucurie la ceea ce este adevărat, pur, frumos și pozitiv.

În timp ce spălăm farfurii, tundem pajiștea sau facem alte activități care nu ne răpesc toată atenția, putem să cântăm, să fluierăm sau să fredonăm acordurile marilor melodii și imnuri care în mod inevitabil ne fac viața mai frumoasă, nouă și semenilor noștri.

În timp ce stăm în sala de așteptare la medic sau dentist, îi putem mulțumi Domnului pentru oamenii dedicați profesiei lor și ne putem ruga pentru acei pacienți care simt îngrijorare, frică, descurajare sau durere.

Ceea ce facem cu prețioasele momente „în timp ce" poate îmbogăți și inspira, poate încuraja, binecuvânta și înfrumuseța prețiosul nostru colț de lume.

Acestea sunt mai mult decât niște cuvinte pe o foaie de hârtie — sunt prezentarea unei filozofii de viață. Adoptați-o ca propria voastră filozofie și vă veți oferi cu adevărat o recompensă.

Un om către un prieten: „Am aflat de ce este în continuare inflație. Toată lumea câștigă bani cinci zile pe săptămână, dar guvernul îi cheltuiește șapte zile pe săptămână."

58
Fii bun și ascultă

O PERSOANĂ ÎNȚELEAPTĂ a spus că e bine să fii important, dar e mai important să fii bun. O altă vorbă veche spune că atunci când vorbești nu înveți nimic; înveți numai când asculți.

A asculta vă va permite să evitați situații jenante și v-ar putea chiar ajuta să câștigați niște bani. De exemplu, pe vremea când juca golf, Tommy Bolt și-a câștigat o reputație binemeritată pentru firea sa. Obiceiul său de a rupe și a azvârli crosele a umplut vestiarele și a devenit subiect de discuții pentru presă. Odată, într-un turneu, și-a luat un însoțitor de joc care avea o reputație de vorbăreț, așa că Bolt i-a spus să tacă din gură și să-și limiteze conversația la „Da, dle Bolt" sau „Nu, dle Bolt".

Stăpânirea de sine este mult prea prețioasă pentru a o pierde, așa că supravegheați-o cu grijă și probabil că n-o veți pierde.

După cum i-a fost norocul, una dintre mingile lui Bolt s-a oprit în apropierea unui copac. Ca mingea să ajungă pe gazon, el trebuia s-o dirijeze pe sub o ramură și peste un lac. A analizat cu atenție situația și a luat o decizie. Însă așa cum se întâmplă adesea, vorbindu-și pe jumătate sieși și pe jumătate însoțitorului său, a întrebat: „Oare să o lovesc cu crosa de fier?" Însoțitorul, care fusese avertizat, a răspuns: „Nu, dle Bolt." Temperamentul și mândria lui Bolt l-au îndemnat să reacționeze: „Cum adică, să nu dau cu crosa de fier? Ia uită-te la lovitura asta!" Însoțitorul, respectând în continuare instrucțiunile, spuse: „Nu, dle Bolt!" Bolt nu asculta. Ținti și lovi frumos mingea, care zbură până pe gazon. Se opri la două picioare de gaură. Foarte mulțumit de sine, Bolt îi înmână însoțitorului crosa de fier și comentă: „Ce zici de asta? Acum poți să vorbești." „Dle Bolt, nu era mingea dvs.", răspunse însoțitorul.

Faptul că lovise altă minge l-a costat pe Tommy Bolt o penalizare de două lovituri și o grămadă de bani. Mesajul: Fiți drăguți cu oamenii, în special cu cei care vă servesc, și ascultați ce au de spus.

Nimic nu-l poate încurca mai mult pe un bărbat decât să șofeze în spatele unei femei care conduce bine.

59

Profesorii inspirați au elevi inspirați

DNA ROMAYNE WELCH DE LA școala elementară Reynolds din Baldwinsville, New York, este o profesoară absolut extraordinară. Este o mărturie pentru ceea ce pot face implicarea, inspirația, iubirea pentru copii și angajamentul de a progresa. Această profesoară dedicată și elevii ei sunt foarte creativi. Pentru ei, fiecare problemă e o nouă ocazie. În cursul anului școlar 1993, au creat o operă magnifică, *Crearea unei opere originale*. Vă puteți imagina niște copii de nouă și de zece ani scriind, creând și interpretându-și propria operă, cu un elev de clasa a cincea drept dirijor? Dna Welch a spus că pentru ea partea cea mai grea a fost „să-și dea drumul și să-i lase pe copii să ia decizii și să-și ducă la îndeplinire propriile decizii".

Fiecare om poartă în el semințele măreției. Responsabilitatea părinților și a liderilor este să hrănească și să cultive aceste semințe.

Clasei i s-au încredințat numai 125 de dolari pentru întreaga producție, care au fost cheltuiți pe cele necesare rampei. S-au gândit să organizeze o colectare de fonduri și au făcut rost de cei 1 200 de dolari de care aveau nevoie. Copiii dintr-a doua până într-a cincea au făcut cinci seturi de partituri cu note, în pachete de câte șase. Au desenat notele muzicale și au fost absolut extraordinari! Apoi, cum o operă are nevoie de locuri în loji, au folosit pentru asta niște cutii. A fost amuzant.

În cele din urmă, opera s-a bucurat de mare succes și a sădit semințele unor noi proiecte — inclusiv un spectacol muzical despre imigrare și Ellis Island. Cred că orice vor face dna Welch și elevii ei va fi un succes, iar copiii vor avea multe alte posibilități de a progresa. De asemenea, vor avea ocazii minunate de a arăta ce pot face niște tineri talentați care și-au propus un scop.

Mulți dintre noi ar trebui să lucreze cu cei mici în loc să se grăbească să-i critice. Felicitări, dnă Romayne Welch, dvs. și tuturor acelor elevi extraordinari de la școala elementară Reynolds. Este o speranță că părinții și profesorii din întreaga Americă vor lua o pagină din caietul vostru de notițe și își vor îndruma elevii către mai multe asemenea activități. Aceste activități le vor permite să-și dirijeze energia creatoare către proiecte care pot modela caracterul și pot clădi încrederea în sine.

Doctorul mi-a spus că mai am șase luni de trăit. Când i-am spus că nu pot să achit nota de plată, mi-a mai prelungit viața cu încă șase luni. (Walter Matthau)

60

Cititul, scrisul și aritmetica nu sunt de ajuns

SĂ NU MĂ ÎNȚELEGEȚI GREȘIT — necesitatea acestor trei aptitudini este atât de evidentă în lumea noastră tot mai complexă, încât nici nu mai trebuie să discutăm despre ea. Însă John Stinson, vicepreședinte de resurse umane la Trans-Canada PipeLines Limited, este de părere că trebuie să mergem mult mai departe de atât. După el, capacitatea de a stabili scopuri, respectul față de sine, etica, învățarea limbajului afacerii, respectarea diversității, integritatea, perseverența, munca în echipă, gestionarea timpului și rezolvarea problemelor sunt componente care nu pot fi ignorate.

Cuvintele ne dezvăluie gândurile, iar manierele ne oglindesc stima de sine. Acțiunile noastre ne reflectă caracterul, iar obiceiurile ne prezic viitorul.
WILLIAM ARTHUR WARD

Aceasta ne cere să ne schimbăm gândirea, iar schimbarea implică întotdeauna stres. Stinson spune: „Dacă nu aveți capacitatea de a asimila schimbarea și de a merge mai departe, veți avea probleme." Necesitatea schimbării crește odată cu schimbările petrecute în lume, iar necesitățile clienților noștri se schimbă corespunzător. Angajații trebuie să se schimbe, dezvoltându-și noi aptitudini și dorința de a se adapta.

Să luăm un exemplu: din 1972 până în 1991, exportul de automobile din America în Japonia a scăzut cu circa două procente. În același timp, exportul de automobile din Germania în Japonia a crescut cu peste 700 de procente, deși nemții au lucrat sub aceleași restricții ca americanii. Dar iată care este diferența: nemții au fost conștienți că japonezii conduc pe partea stângă a drumului, că volanul e pe partea dreaptă și mașinile lor sunt mult mai mici. Soluția: Puneți volanul pe dreapta, fabricați mașini mai mici și japonezii le vor cumpăra. Când Jeep Cherokee-ul american, construit conform preferințelor japonezilor, a ajuns în Japonia în anul 1992, a dat imediat lovitura. Mesajul: Pregătiți-vă pentru a satisface nevoile pieței și vă pot asigura că patronii vă vor căuta — mai ales dacă sunteți foarte bun în specialitatea voastră.

Când se vor câștiga bani mai mulți, studenții vor scrie acasă ca să-i ceară.

61

A dat tot ce avea

TOSCANINI A SPUS CĂ MARIAN ANDERSON avea cea mai dulce voce „în această parte a raiului". A cântat în fața capetelor încoronate și a șefilor de guvern în săli de operă din Europa și America. Avea un registru vocal extraordinar, care îi permitea să treacă fără probleme de la soprană la cel mai jos contralto.

Marian Anderson a început prin a freca podele contra zece cenți pe oră, ca să-și poată cumpăra o vioară de la o casă de amanet. Cei de la biserica pe care o frecventa i-au recunoscut talentul aparte și au colectat bani pentru un profesor de canto care să lucreze cu ea. Când profesorul a declarat că e pregătită, s-a dus la New York, unde criticii au desființat-o. S-a întors acasă ca să-și revină. Mama și biserica au încurajat-o și i-au mai plătit niște lecții.

Rețineți: „Fructele pe care le creștem în văile disperării sunt hrana pe care o vom mânca pe vârful muntelui."
FRED SMITH

Apoi, din cauza prejudecăților rasiale acerbe din America, s-a dus în Europa și a luat continentul cu asalt. S-a întors în America și a cântat la Muzeul Memorial Lincoln, cu peste 60 000 de oameni în public. A cântat, printre altele, „O mio Fernando", „Ave Maria", „Gospel Train", „Trampin" și „Sufletul meu e ancorat în Domnul". Cei care au avut privilegiul s-o audă atât pe ea, cât și pe Martin Luther King Jr., cu discursul lui „I Have a Dream" („Eu am un vis"), spun că interpretarea ei a fost chiar mai impresionantă decât discursul acestuia.

Într-o zi, un reporter a întrebat-o care a fost cel mai fericit moment din viața ei. Fără ezitare, a răspuns că momentul care i-a adus cea mai mare satisfacție a fost acela când i-a putut spune mamei sale că nu mai e nevoie să spele ca să câștige bani. S-a bucurat de atâtea onoruri, dar aceea fusese clipa cea mai fericită din viața ei. Reporterul a întrebat-o: „Ce v-a dat mama dvs.?" Marian Anderson a răspuns: „Tot ce avea."

Aceasta înseamnă măreția, iar a da tot ce avem este cheia măreției noastre.

Prima și ultima prognoză meteorologică absolut corectă a fost când Dumnezeu i-a spus lui Noe că o să plouă.

62

Coș cu coș

CU MULȚI ANI ÎN URMĂ, pe când era în Orient, Bill Schiebler din Eden Prairie, Minnesota, a avut o experiență cu totul aparte. Se afla într-o țară agrară, unde fiecare centimetru pătrat de pământ era important. Pe teren se înălța un deal falnic, acoperit de tufișuri de bambus. O minte americană n-ar putea concepe ca un deal să fie mutat fără ajutorul unui excavator gigantic, dar mintea și etica de lucru orientale sunt diferite.

„Comunitate" înseamnă de fapt „unitate".

Mii de oameni care trăiau în imediata vecinătate au participat la această aventură și chiar au acceptat-o ca pe o chestiune de rutină din viața de fiecare zi. Din vârf și până la poalele dealului, găleți cu noroi treceau din mână-n mână și, în unele cazuri, cozile formate aveau câte 3 km lungime. Părea că nu se întâmplă nimic; dealul nu dădea semne că ar dispărea. Dar după o vreme, datorită acelei incredibile munci în echipă, datorită angajamentului a mii de oameni și unei implicări continue, zi după zi, dealul a început să scadă treptat și zonele de jos s-au transformat într-un teren de cultură frumos și neted.

Americanii care au fost martori la acest efort au rămas uluiți, fiindcă într-o zi n-a mai rămas nici urmă de deal. Apoi au înțeles că practic orice treabă poate fi îndeplinită atunci când toată lumea are același scop și oamenii își unesc eforturile pentru beneficiul tuturor. Bill Schiebler a făcut remarca înțeleaptă că ar trebui să folosim cu toții acest exemplu pentru viața de fiecare zi. Când avem de-a face cu sarcini aparent imposibile, dacă le împărțim în segmente mici — sau câte un coș o dată — putem efectiv să realizăm imposibilul și să mutăm munții din loc. Observație: Locuitorii satului au luat un pasiv (din punctul de vedere al cultivării pământului) — un munte — și au folosit acea „murdărie" pentru a crea un activ valoros (un teren roditor).

Gândiți-vă la asta. Examinați-vă pasivele și vedeți dacă nu le puteți transforma în active, chiar dacă va trebui să mutați câte un coș o dată.

Un boxer profesionist, pus la pământ în cea de-a doua rundă de o lovitură puternică, încerca să se ridice de jos. „Lasă-l pe arbitru să numere", urlă antrenorul. „Nu te ridica până la opt." Boxerul încuviință din cap și răspunse cu o voce stinsă: „Și acum cât e ceasul?" (Executiv Speechwriter Newsletter)

63

De la jumătate de normă la succes total

PE VREMEA STUDENȚIEI, Dean Sanders s-a angajat cu jumătate de normă la depozitul angro Sam's. Astăzi, este președintele companiei și are un venit de circa 25 de miliarde de dolari pe an. L-am întâlnit și am reușit să-l cunosc pe Dean când am ținut un discurs la ceremonia de deschidere a unor noi magazine Sam's.

Succesul nu e determinat de ceea ce obții când ajungi la destinație, ci de ceea ce devii de-a lungul drumului.

Într-o dimineață, am avut plăcerea să mă adresez personalului de la Sam's în timpul micului dejun, înainte de deschiderea magazinelor. Felul deschis în care comunica Dean cu personalul său, atitudinea lui simplă și caracterul lui prietenos erau revigorante, dar ceea ce m-a impresionat cu adevărat a fost să observ că Dean ducea la coșul de gunoi niște farfurii și căni goale. Privindu-l, mă întrebam oare câți președinți ai unor companii de 25 de miliarde de dolari ar face așa ceva. În primul rând, oare ar participa la un mic dejun „de lucru"? În al doilea rând, ar vorbi cu atâta dezinvoltură și deschidere cu personalul lor, care cuprindea atât directori executivi bine plătiți, cât și muncitori cu ora? Apoi, oare ar strânge farfuriile de la micul dejun cu atâția alți oameni în preajmă?

Ceea ce m-a izbit a fost faptul că Dean făcea acest lucru într-un mod absolut natural, fără a se gândi anume la asta și fără a-și spune: „Ei bine, cineva trebuie să facă asta și cum nu o face nimeni, cred că o voi face eu." Era un lucru care oricum trebuia făcut și cum el se afla cel mai aproape, era cât se poate de normal să o facă.

E adevărat: „Și care e mai mare dintre voi să fie slujitorul vostru" (*Matei* 23, 11). În ziua de azi, mulți oameni cred că alții ar trebui să-i servească, dar realitatea este că aceia care servesc cel mai bine sunt cei care-i vor conduce pe cei mai mulți. Gândiți-vă la asta. Adoptați atitudinea celui ce servește (dar fără a fi slugarnic).

Editorialistul Ray Ratto în San Francisco Examiners *despre o potențială problemă referitoare la* **49ers**[1]: *„Carmen Policy este juristă. Steve Young este jurist. Mijlocașul Bart Oats este jurist. Mark Trestman, noul coordonator al apărării* **49ers**, *este jurist. Să ne ferească Dumnezeu să nu fie de acord asupra punctelor trei și opt."*

---

[1] *San Francisco 49ers* este numele echipei de fotbal american din San Francisco, nume care vine de la căutătorii de aur care au călătorit spre California în 1849.

64
Este mai bine să dăruiți

„CÂND WALLY JANSEN MI-A POVESTIT despre tradiția de Crăciun a noii mele companii, numită «călătoria pe insulă»", spune Phillip Kelly, „am fost intrigat. Cu zece zile înainte de Crăciun, cele 200 de familii de portoricani din această parohie se adunau la un loc și fiecare familie punea cinci dolari în «cană», care în acea vreme era plata pe o zi a unui culegător de fructe. Fiecare familie își scria numele pe o bucată de hârtie. Apoi legau pe cineva la ochi și acesta trăgea la sorți numele familiei care avea să meargă acasă de Crăciun — două săptămâni glorioase pe insulă și destui bani pentru a cumpăra cadouri de Crăciun pentru toată lumea. M-am dus la tragerea la sorți în acel an — primul Crăciun petrecut împreună cu comunitatea, dar care avea să fie ultimul pentru Wally Jansen. Wally se pensiona după ce lucrase la companie 40 de ani, iar în ultimii 25 fusese supraveghetorul fabricii de trestie de zahăr.

Oamenii care au cu adevărat succes în viață sunt cei care dăruiesc și cei care iartă.

Pe la ora trei, toată lumea contribuise cu cei cinci dolari și organizatorul a chemat comitetul pe scenă ca să fie martor la tragere. Apoi m-au chemat sus ca să extrag numele familiei norocoase. M-au legat la ochi și m-au condus către urnă. Am întins mâna, am scos câteva bilete și am ales unul dintre ele. Am desfăcut biletul și am citit: «Wally Jansen». Uralele au fost asurzitoare. Toată lumea l-a înconjurat, îmbrățișându-l, plângând, felicitându-l, urându-i sărbători fericite și o călătorie plăcută. În timp ce mulțimea continua să se agite, am băgat din nou mâna în urnă, am scos câteva bilete și am desfăcut două dintre ele. Ambele conțineau același nume, cu scrisuri diferite — «Wally Jansen»."

Îmi închipui că familia lui Wally Jansen a fost cutremurată de emoție, dar cred că bucuria a fost și mai mare pentru cei care se gândeau că poate ei au scris numele „Wally Jansen" pe biletul ales. Gândiți-vă la asta. Învățați să dăruiți și călătoria către vârf va fi mai fericită.

Am auzit despre un tip care a găsit acasă un bilet de la soția lui, care îi spunea că a fost nevoită să plece pe neașteptate din oraș, dar că cina o să-i placă la nebunie. Rețeta avea s-o găsească la pagina 28 din cartea de bucate.

65
Nu e vina mea

FAIMOSUL ISTORIC BARBARA TUCHMAN numea vremurile noastre „Era rupturilor". Spunea că ne-am pierdut credința în anumite calități morale și nu mai știm să distingem binele de rău. Această doamnă, de două ori câștigătoare a premiului Pulitzer, spunea că lucrul de care vom avea cel mai mare nevoie în următorul secol este probabil „responsabilitatea personală". A explicat că a-ți asuma responsabilitatea pentru comportamentul și realizările tale nu presupune că societatea trebuie să te ierte fiindcă „nu e vina ta".

Oamenii te judecă după acțiunile și nu după intențiile tale. Poți avea o inimă de aur, dar să știi că și un ou-ochi poate să strălucească.

Vorbele dnei Tuchman reflectă de fapt multe din sentimentele societății. Strigătul „nu e vina mea" se aude pretutindeni. Probabil își are originea în copilărie, când frații vitregi se luau la ceartă și fiecare dintre ei spunea: „Nu e vina mea!" Dicționarul Noah Webster din 1828 definește *vina* ca „un eșec, o eroare sau o greșeală, o gafă, un defect". Această definiție ne ajută să înțelegem de ce mulți oameni nu vor să-și accepte vina, preferând să o tăgăduiască.

Când asistăm la o altercație pe un teren de sport, în general sportivii arată cu degetul către altcineva. La fel se întâmplă și în tribunale. Frații Menendez au explicat că părinții se purtau atât de brutal cu ei, încât au fost „nevoiți" să-i ucidă. La Dallas, când un tânăr și-a omorât doi veri, fapta a fost justificată drept un rezultat al „sindromului de supraviețuire urbană", o mentalitate de tipul „ucide sau vei fi ucis". Hoții spun: „Nu e vina mea — n-am putut să-mi iau o slujbă." Lista poate continua la nesfârșit.

Realitatea este că, dacă nu ne asumăm responsabilitatea pentru acțiunile noastre, nu avem mari speranțe pentru viitor. Mesajul: Cea mai bună metodă de a avea o viață împlinită este de a-ți asuma responsabilitatea pentru realizările și acțiunile tale. Așa că începeți chiar de astăzi să vă asumați responsabilitatea pentru acțiunile voastre și în curând va deveni o profesiune de credință — care va avea ca rezultat o viață mult mai bună!

Un copil de cinci ani i-a spus în secret lui Art Linkletter că înaintea oului a fost găina, fiindcă „Dumnezeu nu face ouă".

66

Despre Brenda Reyes
și marina militară

LAURIE WILSON, ÎNTR-UN ARTICOL din *Dallas Morning News*, o numește pe Brenda Reyes drept Femeia de afaceri texană a anului, o recunoaștere oferită de Asociația din Texas a camerelor de comerț mexicano-americane. Cei 9 000 de membri ai asociației oferă în fiecare an această distincție unei femei de afaceri, pentru succesul financiar, implicarea în problemele comunității și profesionalism.

> Gândiți-vă la un porumbel. Ca să avanseze trebuie să-și împingă gâtul înainte.

Dna Reyes este o femeie de afaceri independentă care deține compania Innovative Computer Group. Prima ei implicare în lumea afacerilor a constat într-o scurtă perioadă de angajare la o bancă, dar a hotărât repede că acela nu era locul ei, după ce întâlnise acolo o femeie care făcea zilnic același lucru, de 40 de ani. S-a înscris la Universitatea din New Orleans, apoi a hotărât să se înscrie în marină. Mai târziu s-a întors ca să-și termine facultatea.

Pe lângă numeroasele lecții despre onoare și disciplină pe care le-a învățat în marină, aceasta i-a dat posibilitatea să-și caute și să-și fructifice talentele. După facultate, și-a dat seama de aptitudinile ei în domeniul calculatoarelor, așa că în timpul liber instala sisteme de calcul pentru prietenii care își pierduseră răbdarea s-o facă. La început, s-a oferit să-i ajute pe ceilalți, dar curând și-a dat seama că și-ar fi putut transforma cunoștințele într-o carieră. Și-a creat prima firmă de programare-calculatoare în 1986, în orașul ei natal, New Orleans, iar mai târziu s-a mutat cu compania la Dallas.

Ca veteran al marinei militare, a fost pusă în fața unor situații dificile și a unor soldați duri, așa că prezentarea unui echipament de creare a documentelor electronice în fața unei săli înțesate de directori executivi plini de bani nu o intimidează. Și, după cum subliniază ea, nu trebuie să dea onorul. A ținut ritmul cu toate schimbările tehnologice, s-a implicat cu mult curaj în extinderea afacerii și rezultatele sunt evidente, prin recunoașterea ei ca Femeia de afaceri texană a anului. Felicitări, Brenda Reyes! Ai dat un exemplu bun și ne-ai învățat pe toți o lecție despre cum să fructificăm cât mai bine ceea ce avem.

Dacă Patrick Henry credea că, pe vremea când nu era democrație, dările erau un lucru rău, ar trebui să vadă cum e în democrație.

67
Lucrurile mărunte produc schimbări importante

DACĂ CEASUL MEU E ÎN URMĂ cu patru minute și ajung la aeroport la ora 12:04 pentru o cursă programată chiar la amiază, știți ce se va întâmpla. Am o înțelegere cu liniile aeriene că dacă nu sunt acolo când e planificată cursa, atunci pot să plece fără mine. Întotdeauna au respectat înțelegerea.

Deschideți ochii și veți vedea, fără îndoială, o sumedenie de lucruri pentru care puteți și trebuie să vă exprimați recunoștința. Faceți asta!

Cineva a spus odată că onestitatea în lucrurile mărunte nu e deloc un lucru mărunt. De asemenea, cea mai măruntă faptă bună e de preferat celei mai mărețe intenții. Cât adevăr e în aceste afirmații! Acum, serios vorbind, un lucru mărunt poate avea o importanță extraordinară. Fostul brigadier general Robinson Risner a fost prizonier de război în Vietnamul de Nord timp de peste șapte ani. Cinci ani dintre aceștia i-a petrecut singur în celulă. A suferit de frig, de căldură, de foame și de lipsa aerului proaspăt. A fost complet lipsit de orice confort uman. Ore întregi se plimba prin celulă. Când frustrarea devenea atât de puternică încât îi venea să țipe, își punea lenjeria de corp în gură ca să-și înăbușe strigătul. Nu voia să le ofere temnicerilor săi satisfacția de a-i cunoaște suferința.

Într-o zi, scufundat în abisul disperării, generalul Risner se așeză pe podea și privi în jurul micii sale celule dreptunghiulare. Își aținti ochii pe lângă blocurile de zgură, sperând să găsească undeva o crăpătură. Din fericire, exista o deschidere minusculă și reuși să vadă o frunză. Mai târziu a afirmat că faptul de a vedea acea dovadă a vieții de afară a fost un eveniment extraordinar, care i-a dat speranțe și i-a schimbat viața.

Când am auzit această poveste, majoritatea problemelor din viața mea mi-au apărut în altă perspectivă și m-am hotărât să apreciez mai mult numeroasele binecuvântări, în loc să mă plâng de ceea ce nu am. O privire calmă în jur vă va dezvălui nenumăratele binecuvântări pe care le-ați primit deja și care vor continua să vină. A-ți exprima aprecierea față de aceste binecuvântări este o abordare a vieții ce duce la victorie.

Clientul: „Nu pot să mănânc supa." Ospătarul: „Îmi pare rău, domnule, o să-l chem pe șeful de sală." Clientul: „Dle, nu pot să mănânc supa." Șeful de sală: „O să-l chem pe bucătarul-șef." Clientul: „Dle bucătar, nu pot să mănânc supa." Bucătarul-șef: „Dar ce are supa?" Clientul: „Nimic. Dar n-am lingură."

68
Sunt singurul care face ceva aici!

ACUM CÂȚIVA ANI, TREBUIA să apar într-o emisiune de televiziune programată seara târziu, la New York. Din cine știe ce straniu motiv, voiau să fiu în studio după-amiaza la ora 4:30. Am intrat și m-a frapat cât de mică era camera de primire. Cuprindea numai o canapea pentru trei persoane, un scaun, o chiuvetă, un frigider și o cafetieră.

Fiți la fel de îngăduitori față de greșelile altora ca față de ale voastre.
PROVERB CHINEZESC

Când m-am așezat, o femeie intră în cameră, își scutură capul și spuse: „Eu sunt singura care face cafea aici!" Se apucă imediat de treabă și puse de cafea. După câteva minute, intră un tip care, după același tipic, spuse: „Nu-mi vine să cred! Locul ăsta ar fi o cocină dacă n-aș fi eu! Sunt singurul care face curat aici." Și făcu curățenie în cămăruță. Mai târziu apăru o altă femeie care se plânse: „Sunt singura care face ordine aici" și începu să pună lucrurile la locul lor.

Toți trei erau sincer convinși că erau singurii care făceau ceva acolo. Fiecare dintre ei își „aranja" nimbul personal prin ceva: făcea cafea, curățenie sau ordine.

Întrebare: Așa se întâmplă și la firma ta, unde „nimeni nu face nimic", dar fiecare crede că este singurul sau singura care muncește? Dacă este adevărat și ești singurul care face ceva, gândește-te la incredibilul avantaj pe care ți-l oferă aceasta. Nu numai că ai o slujbă sigură, dar dispui și de oportunități nelimitate de a avansa. Însă dacă simți că ai o povară pe umeri, dacă într-adevăr crezi că tu faci totul și împărtășești celorlalți acest simțământ, atitudinea ta negativă anulează efectele muncii depuse. Așa că munciți în continuare, dar cu zâmbetul pe buze. Performanțele și atitudinea pozitivă față de ceea ce faceți vă vor ajunge din urmă. Veți progresa.

E greu de spus când se termină o generație și începe o alta — dar trebuie să fie în jur de 9 sau 10 seara. (Executive Speechwriter Newsletter)

69

O echipă de vedete sau o echipă vedetă?

ÎN IULIE 1991, SOȚIA MEA și cu mine eram la Sydney, în Australia. Aveam ocazia de a asista la un spectacol al orchestrei filarmonice din Sydney, la faimoasa lor Operă. Erau locuri la discreție și spectacolul era pe gratis, așa că am profitat de ocazie. Când am ajuns, cu 30 de minute înainte să înceapă spectacolul, membrii orchestrei deja se pregăteau. Au venit oameni de toate mărimile, vârstele și culorile; erau și bărbați și femei. Unii dintre ei, cum ar fi cel ce mânuia talgerele, urmau să cânte doar cinci sau șase secunde pe parcursul întregii seri, în timp ce bucata violoncelistului avea să dureze peste 20 de minute. În timp ce se încălzeau, mi se părea că pur și simplu fac gălăgie.

Oamenii găsesc o cale de a deveni ceea ce-i încurajați să fie — nu ceea ce vreți să-i convingeți să fie.

Cu un minut înainte de ora opt, pe scenă apăru dirijorul. Toată lumea se ridică imediat în picioare. Când păși pe scară, toată lumea era în poziția cuvenită. La ora opt, ridică bagheta și, când coborî brațele, muzica începu. Ceea ce cu câteva secunde în urmă părea un zgomot acum devenise o melodie frumoasă.

Conducătorul orchestrei transformase o echipă de vedete într-o echipă vedetă. Cu toate că fiecare instrument producea tonuri complet diferite, toate se îmbinau armonios. Niciunul dintre instrumente nu-l domina pe un altul; fiecare se armoniza cu celelalte și devenea o parte a celorlalte. Vă puteți imagina care ar fi fost rezultatele dacă fiecare artist ar fi hotărât că instrumentul său avea să fie vedeta spectacolului?

Dirijorul fusese timp de mulți ani un muzician din orchestră. Pe când era un executant, învățase să fie ascultător și să-l urmeze pe dirijorul orchestrei. Pe scurt, învățase să asculte pentru ca mai târziu să învețe să comande. Odată am văzut un tânăr care avea un tricou cu următoarea inscripție: „Eu nu urmez pe nimeni." Ce tragedie! Până nu înveți să urmezi pe cineva, nu vei fi în stare să conduci.

Un copilaș arătă spre o poză și-l întrebă pe polițist dacă era într-adevăr fotografia persoanei celei mai căutate. „Da", răspunse polițistul. „Atunci", întrebă puștiul, „de ce nu l-ai reținut când i-ai făcut poza?" (The Rotarian)

70
Revitalizarea celor în vârstă

ÎNTR-UN ARTICOL INCITANT din *U.S. News & World Report*, Joannie M. Schrof ne împărtășește niște informații încurajatoare despre cetățenii americani mai în vârstă. Sunt citate numeroase studii despre îmbătrânire, pe care le consider foarte promițătoare. Autoarea citează din cartea *Profiles in Cognitive Aging* a lui Douglas Powell, psiholog de la Harvard. Acesta afirmă că între o pătrime și o treime din persoanele trecute de 80 de ani se descurcă la fel de bine ca omologii lor mai tineri. Chiar și persoanele cel mai prost cotate aveau probleme relativ mici.

Când în Biblie se vorbește despre retragere[1], întotdeauna este menționată ca o pedeapsă.

---

[1] Retirement (engl.) = retragere, dar și pensionare.

Cercetările indică faptul că factorul cel mai important de care poate beneficia puterea de judecată a celor sănătoși și a celor bolnavi, a celor tineri și a celor bătrâni deopotrivă sunt exercițiile fizice. Exercițiile moderate, cum ar fi o plimbare zilnică de câte 30 de minute, sunt extrem de benefice. Vestea cea mai bună este că până și o pierdere parțială a capacităților mentale poate fi compensată. Un creier în vârstă păstrează o capacitate uluitoare de regenerare. Stanley Rapoport, șeful laboratorului de științe neurologice de la Institutul Național de Gerontologie, a comparat creierele oamenilor mai tineri și mai în vârstă implicați în eforturi similare și rezultatele sunt de-a dreptul incredibile. A descoperit că un creier mai vârstnic pur și simplu se reprogramează pentru a compensa pierderile. Dacă un neuron nu reușește să facă treaba, celulele învecinate preiau sarcina.

Un studiu interesant efectuat de Ellen Langer și Rebecca Levy de la Harvard sugerează că normele culturale pot fi profeții care se autorealizează. În China, unde vârsta nu este asociată cu pierderea capacităților, oamenii în vârstă au rezultate mult mai bune la teste decât omologii lor americani. Pe scurt, atitudinea și așteptările voastre sunt factori hotărâtori privind capacitățile proprii pe măsură ce înaintați în vârstă. Un alt factor interesant este că vârstnicii îi eclipsează în mod constant pe cei tineri în toate aspectele înțelepciunii, oferind sfaturi mai gândite și mai sofisticate.

Dar vestea cea mai bună este că puteți face ceva pentru a vă învigora creierul: (1) Fiți flexibili; (2) Găsiți pacea; (3) Mâncați potrivit; (4) Găsiți mereu noi stimuli; (5) Studiați continuu; (6) Căutați noi orizonturi; (7) Atrageți lumea;

(8) Faceți zilnic o plimbare; (9) Păstrați-vă controlul. Așadar, o abordare activă și pozitivă a vieții în tinerețe vă ajută să aveți o minte trează la bătrânețe.

Rețineți, faceți parte din firma pentru care lucrați, tot așa cum o tobă face parte din orchestră. De asemenea, nu uitați că un solo de tobă e foarte monoton.

71
De la bogăție la faliment și iar la bogăție

CÂND CASTRO ȘI REGIMUL SĂU comunist au preluat puterea în Cuba, sistemul socialist a luat locul liberei inițiative și mulți oameni de succes au fost distruși. Unul dintre aceștia era Carlos Arboleya, responsabil de cont la una dintre cele mai mari bănci din Cuba. În 1960, la scurtă vreme după ce Castro preluase puterea, Carlos a venit la lucru și a descoperit că toate băncile private fuseseră preluate de comuniști. Trei săptămâni mai târziu a reușit să plece din Cuba, împreună cu soția și băiețelul lui. Singura problemă era că a ajuns în America cu numai 42 de dolari în buzunar. Nu avea slujbă, nu avea unde să stea și nu știa pe nimeni din Miami. A căutat o slujbă la toate băncile din Miami, dar peste tot a fost refuzat. În cele din urmă și-a găsit de lucru la o fabrică de pantofi, ca responsabil cu inventarul.

Ocazia stă în persoană, nu în slujbă.

Carlos a muncit cu entuziasm și cu o energie extraordinară, făcând nenumărate ore suplimentare. Rezultatele au fost spectaculoase și după 16 luni a ajuns directorul fabricii. La scurt timp după aceea, i s-a oferit o slujbă la banca cu care lucra fabrica de pantofi. De acolo a ajuns președintele celui mai mare lanț de bănci din America.

Carlos Arboleya a făcut ceea ce trebuia (pentru familia lui), luându-și o slujbă sub calificarea sa și ajungând în cele din urmă la slujba dorită. El a dovedit că nu contează *de unde* începi, ci pur și simplu *să începi*. Crainicul Joe Sabah o spune în felul următor: „Nu trebuie să fii grozav ca să începi, dar trebuie să începi ca să fii grozav."

Povestea lui Carlos e doar o piesă din marele mozaic care este America. Este țara în care oricine se dedică unui țel și avansează în slujba lui poate atinge succese nebănuite. Acest lucru este dovedit de faptul că 80% dintre milionarii din America sunt americani de primă generație. Gândiți-vă la asta, dăruiți tot ce aveți mai bun în voi și șansele de succes vor crește spectaculos.

Doctorul mi-a spus că trebuie să-mi scoată apendicele. Când i-am cerut o a doua părere, mi-a spus: „Asta e a doua părere. La început am crezut că e vorba de rinichi."

72

Acele succese „neașteptate"

DE MULTE ORI, O PERSOANĂ necunoscută face ceva spectaculos și devine dintr-odată un erou, un personaj public, un succes peste noapte, obiectul invidiei. Să explorăm acest sindrom al „succesului peste noapte", care aproape întotdeauna se dezvoltă în timp.

Cu câțiva ani în urmă, Gary Spiess din White Lake, Minnesota, a făcut un lucru incredibil. A străbătut Oceanul Atlantic într-o barcă lungă de trei metri și jumătate, în numai 54 de zile. Cei mai mulți dintre noi abia dacă-și pot imagina ce a îndurat pe parcursul acestei încercări, dar dintr-odată a devenit cunoscut în toată lumea.

> Cei care ies în evidență au învățat că orice progres înseamnă progres personal.

Care este povestea adevărată? Oare pur și simplu a avut o idee bună, a pus-o în aplicare și norocul l-a transformat

ACELE SUCCESE „NEAȘTEPTATE"

într-o celebritate? Gary a muncit, a făcut planuri, a făcut sacrificii și a studiat vreme de trei ani pentru a-și construi barca. Și-a investit nu numai banii, ci și 100% din timpul său liber, vreme de trei ani întregi. A trebuit să-și traseze drumul și să planifice fiecare detaliu, inclusiv cum să folosească cel mai bine spațiul din barcă și mâncarea potrivită, îmbrăcămintea și apa pe care trebuia să le transporte.

Odată cu călătoria au început și pericolele. Partea cea mai periculoasă și mai dificilă a fost să înfrunte valurile violente ale Oceanului Atlantic. Deseori valurile erau însoțite de un vânt puternic, îngrozitor de rece, care-l făcea să înghețe până la oase. Când a ajuns în Anglia, marea nemiloasă îl biciuise într-atât, încât tot trupul îi era învinețit. Da, s-a bucurat de glorie, dar se poate spune că a făcut sacrificii și a muncit pentru a-și primi recompensele.

Cei mai mulți dintre noi nu doresc să facă nimic de acest gen, dar dacă vom face ceva semnificativ, și mai ales dacă dorim să păstrăm importanța acelui lucru, sunt necesare ore îndelungate de planificare și chiar mai multe ore de muncă grea. De asemenea, putem spune că merită, fiindcă efortul este temporar, dar satisfacția și răsplata pot fi de lungă durată.

Un om i-a împrumutat celui mai bun prieten 5 000 de dolari ca să-și facă o operație estetică. Din nefericire, nu-i va recupera niciodată fiindcă acum nu-l mai recunoaște.

73

Iubirea e ca punctajul la tenis

IUBIREA ESTE ȘI UN LUCRU PE CARE îl faceți pentru alții. „A iubi" este un verb activ. Dacă veni vorba de activitate, în ciuda celor peste 70 de ani și a două operații la genunchi, James Lewis continuă să facă același lucru pe care l-a făcut o viață întreagă — îi învață pe tinerii din Alabama să joace tenis. *Sports Illustrated* ne spune povestea lui într-un mod aparte. Louis este un fost oțelar american de culoare, crescut într-un Birmingham supus segregației rasiale. În copilărie, nu avea voie să joace tenis în parcurile publice. Însă vechea zicală „Dacă există voință, există și o cale" mai e valabilă și în zilele noastre. James și-a creat propriile condiții de joc. A amenajat un teren de zgură într-un loc vacant și a trasat linii pe planșeuri de beton.

„Niciunul dintre aceia care ușurează povara acestei lumi pentru alții nu este fără folos."
CHARLES DICKENS

Fiind mai mult decât o legendă a vremii sale, James îi învață cu plăcere pe copii să dezlege misterele jocului. De fapt, îi învață mult mai mult decât tenis; le dă exemplul său, învățându-i sportivitatea și arătându-le cum să joace bine în orice condiții. Copiii învață că tenisul este o distracție.

În copilărie, îi plăcea să lovească mingile de tenis și părea să aibă o îndemânare naturală pentru acest joc. A învățat să joace singur și imediat a început să-i învețe și pe alții. Îi învață că tenisul este un mod de a progresa pas cu pas: „direct, rever, voleu, serviciu". Odată ce elevii învață asta, îi lasă să încerce să pună totul la un loc, „ca într-un joc de puzzle". „Este într-adevăr unul dintre cei mai iubitori și mai altruiști oameni, împărțind totul cu ceilalți — de la timp și cunoștințe la echipament și chiar la mâncare", spune Louis Hill, director al asociației de tenis din Fairfield, Alabama.

Câțiva dintre elevii lui Lewis au câștigat burse universitare. În aceste zile, Lewis își dirijează zelul misionar către mai multe programe de petrecere a timpului liber — unul dintre acestea purtându-i numele — și către două colegii locale. Este un om generos, care câștigă prin faptul că formează învingători. Încercați să abordați viața la fel ca James Lewis.

La o conferință de afaceri: „Nu mă prea pricep la prezentări, dar nu-i nicio problemă fiindcă următorul nostru oaspete nu se prea pricepe la discursuri."

74
„Era întruchiparea vitezei și a mișcării"

TITLUL DE MAI SUS E UN CITAT din Jesse Owens. Vorbește despre Wilma Rudolph, născută prematur, a douăzecea dintre 22 de copii. În copilărie, a avut dublă pneumonie și scarlatină. La vârsta de patru ani, a făcut poliomielită și piciorul ei stâng a început să se atrofieze. Doctorii au crezut că nu va mai putea merge niciodată, dar familia ei nu s-a dat bătută. Îi masau picioarele cu rândul, ore întregi. În cele din urmă, cu ajutorul unei proteze și al unui pantof ortopedic, a reînceput treptat să meargă. Stătuse în pat și lipsise de la școală vreme de doi ani. La 11 ani, i-au scos proteza de la picior și i-au aruncat pantoful ortopedic pe care îl ura. În sfârșit, Wilma Rudolph era liberă.

Nu poți urca treptele succesului dacă ți-e frică de înălțime.

Wilma avea o pasiune extraordinară pentru alergat. Uneori lipsea de la școală și se furișa pe un stadion local. Bucuria de a alerga era atât de mare, încât ar fi alergat toată ziua. După un an, se lua la întrecere cu băieții din vecini și îi învingea pe cei mai mulți dintre ei. Când avea 15 ani, la numai patru ani după ce-și scosese proteza de la picior, a fost invitată de Ed Temple să se antreneze alături de Tigerbelles, faimoasa echipă feminină a Universității de Stat din Tennessee. La 16 ani, s-a calificat pentru echipa olimpică din 1956, dar a câștigat numai o medalie de bronz. Apoi s-a înscris la Universitatea din Tennessee cu o bursă și s-a antrenat cu Ed Temple, care a condus echipa olimpică în 1960. În cadrul acestei echipe, Wilma a devenit o supervedetă. Cu o zi înainte de a participa la prima ei cursă de 100 de metri, a suferit o entorsă serioasă la gleznă, dar a câștigat medaliile de aur la 100 și 200 de metri. Ștafeta de 400 de metri a fost următoarea etapă în drumul spre cea de-a treia medalie de aur.

Wilma Rudolph a făcut ceva absolut incredibil! Cred că succesul ei nu a apărut în pofida problemelor pe care le avea, ci datorită lor. A știut să prețuiască sănătatea, pe care alții o consideră firească. Bucuria ei i-a dat o exuberanță care a îndemnat-o să se antreneze mai intens și i-a permis să le eclipseze pe marile atlete contemporane cu ea. Gândiți-vă la asta. Urmați-vă steaua și veți avea șanse mari să atingeți noi înălțimi.

„Mă întreb dacă un pește se duce acasă și se laudă cât de mare a fost momeala furată."

75

Toți suntem datori

ALBERT EINSTEIN SPUNEA: „Îmi amintesc de o sută de ori pe zi că viața mea interioară și cea exterioară se bazează pe eforturile altor oameni, răposați sau în viață, și trebuie să mă străduiesc să dăruiesc în aceeași măsură în care am primit." Gândiți-vă la cele spuse de Einstein. Veți înțelege înțelepciunea lipsită de orice egoism a cuvintelor sale. În primul rând, suntem datori părinților noștri fiindcă ei ne-au adus pe această lume. Apoi suntem datori medicilor, asistentelor, infirmierelor și celorlalți de la spital pentru rolul pe care l-au jucat în a ne asigura o sosire pe lume sigură și sănătoasă.

Cu toții avem aceeași cantitate de timp, dar nu avem aceleași talente și aptitudini. Însă cei care-și folosesc bine timpul îi depășesc adesea pe cei mai talentați.

TOȚI SUNTEM DATORI

Suntem datori sistemului educativ, unde am învățat să citim, să scriem și să socotim. E surprinzător să-ți dai seama, că, într-adevăr, și pe Albert Einstein a trebuit să-l învețe cineva că 2 și cu 2 fac 4.

Suntem datori tuturor pastorilor, preoților sau rabinilor care ne-au învățat esența vieții, arătându-ne trăsăturile de caracter cele mai importante pentru noi, indiferent de domeniul de activitate ales — atletism, medicină, educație, afaceri, guvernare.

Cu siguranță, datorăm foarte mult celor care ne-au transmis mesaje pozitive și pline de încurajare, instructive și pline de informații. Suntem profund datori funcționarilor publici care adesea și-au dedicat viața altora, în posturi numite sau alese, în această uriașă țară a noastră, precum și lucrătorilor de la poștă care ne aduc scrisorile, operatorilor de presă și reporterilor care aștern cuvinte pe hârtie, lucrătorilor care construiesc autostrăzi pe care putem merge dintr-o localitate în alta.

Lista poate continua la nesfârșit — și astfel revenim la Einstein și la citatul de la început. Avem o datorie mare și o cale de a o plăti este de a ne exprima mulțumirile și recunoștința față de bărbații și femeile care ne fac viața demnă de a fi trăită. Gândiți-vă la asta. Mulțumiți unui număr mare de oameni: veți câștiga mulți prieteni și vă veți bucura mai mult de viață.

Un bărbat la telefon: „Nu, nu mă interesează câtuși de puțin." Vânzătoarea: „Ciudat! Acest produs nou, absolut fantastic, vă va rezolva toate problemele." Bărbatul: „A, am crezut că ați sunat ca să luați banii pe toate lucrurile pe care le-am cumpărat deja."

76

Sam Walton a fost un om pentru oameni

CRED CĂ SAM WALTON A FOST recunoscut și stimat de mai multă lume decât practic orice alt om de afaceri din secolul XX. Era un om cu totul deosebit și, cu toate că n-am avut niciodată privilegiul să-l întâlnesc personal, am întâlnit oameni care l-au cunoscut bine. De asemenea, am citit mare parte din ceea ce au scris alții despre el, așa că am ajuns să-l admir și să-l respect pentru faptul de a fi fost o ființă umană extraordinară.

> Egoiștii inteligenți sunt, de fapt, complet altruiști fiindcă știu că aceasta este cea mai bună cale de a avea câștiguri mari.

Mulți scriitori s-au concentrat asupra succesului lui fenomenal, dar Sam probabil că a rezumat cel mai bine acest lucru când a spus: „Motivul pentru care avem succes este că descoperim, recrutăm și păstrăm cei mai buni oameni." Și a subliniat: „Suntem într-o afacere cu oameni." Realitatea este că indiferent în ce afacere suntem, de vreme ce combustibilul ei sunt oamenii, e vorba de o afacere cu oameni. Sam avea o viziune și o dorință extraordinară de a oferi celor mai mulți oameni cel mai bun produs, la cel mai bun preț. Nu s-a dat în lături de la niciun efort pentru a-și atinge obiectivul. Și-a extins afacerea în orășele care, la acea vreme, erau neglijate de alte organizații comerciale.

Sam Walton a fost un inovator. A introdus noi metode și proceduri, folosind toate tehnologiile înalte disponibile. A folosit comunicația prin satelit și îi suna pe managerii lui o dată pe săptămână, pentru a obține rapoarte despre noile produse și proceduri pe care le aplicau. Era un lider dispus să lucreze, ai cărui directori executivi aveau salarii mai mici decât la cele mai multe companii. Însă le-a oferit acestora și tuturor angajaților săi ocazia de a deține acțiuni la corporație, și astfel mulți dintre ei s-au îmbogățit. Spunea că a descoperit devreme că era bogat atunci când îi îmbogățea pe alții. E o filozofie de viață foarte bună. Va funcționa pentru fiecare dintre noi.

O conferință de afaceri e o întrunire la care toată lumea spune că nimic nu e pe gratis în timp ce tocmai ia masa pe gratis.

77

Există mai multe căi?

CU CÂTEVA LUNI ÎNAINTE de moartea ei prematură, mă uitam la fiica mea Suzan în oglinda retrovizoare în timp ce mergeam spre birou. Suzan lucra alături de mine la rubrica mea din ziar și, la rândul ei, se îndrepta spre birou. Un minut mai târziu m-a depășit fiindcă era pe banda rapidă din centru, iar eu mă aflam pe banda lentă din dreapta. După scurt timp, a fost rândul meu s-o depășesc, făcându-i cu mâna și zâmbindu-i. După câteva străzi m-a depășit din nou. Avea un zâmbet larg pe față, părând a spune: „Vezi, tati, până la urmă tot banda din centru e cea mai bună." Dar triumful ei a fost de scurtă durată: după alte câteva străzi am depășit-o.

Eșecul nu înseamnă neapărat sfârșitul drumului. De multe ori este doar începutul unei călătorii noi și mai incitante.

Eram la doar câteva străzi distanță de birou și șoseaua era aglomerată. Suzan a ratat întoarcerea și s-a grăbit să mi-o ia înainte după ce am trecut colțul ca să mă îndrept spre birou. Tocmai când parcam la locul meu, Suzan — care o luase pe calea mai lungă, dar mai rapidă — parca și ea la locul ei.

Primul mesaj este că n-ar trebui să ne facem griji dacă ne-o ia cineva înainte, indiferent dacă se întâmplă pe șosea sau în viață. În peisajul veșnic schimbător al vieții, soarele strălucește o vreme deasupra cuiva, apoi luminează pe un altul.

Al doilea mesaj este că uneori calea cea mai scurtă sau mai ușoară nu este neapărat cea mai bună sau cea mai rapidă. Deseori trebuie să facem ocoluri ca să ajungem la destinație. Dacă Suzan ar fi încercat să întoarcă de pe banda din centru, ar fi putut fi catastrofal. Dar fiindcă a fost flexibilă și dispusă să facă un ocol, a ajuns exact la momentul plănuit. Al treilea mesaj este că trebuie să fim dispuși și entuziaști să învățăm din succesul altora. Dacă cineva reușește să ne depășească și ajunge înaintea noastră, trebuie să-i spunem: „Excelent! Cum ai făcut?" Gândiți-vă la asta.

A mări salariul celor din Congres este ca și cum ați oferi o mărire de salariu căpitanului vasului Titanic după ce a lovit aisbergul. (David Evans)

78
Perseverența este răsplătită

TIMP DE OPT ANI, TÂNĂRUL SCRIITOR se zbătu să scrie un număr incredibil de povestiri și articole pe care le-a propus spre publicare — și timp de opt ani au fost respinse. Din fericire, n-a renunțat și va fi întotdeauna recunoscător pentru asta — și alături de el, întreaga Americă.

O mare parte din timpul petrecut în marină l-a dedicat scrierii unui morman de rapoarte de rutină și scrisori. A învățat să se exprime elocvent și totuși concis. După dificultățile din marină, s-a zbătut foarte mult să aibă succes ca scriitor, dar în ciuda celor opt ani și a sutelor de povestiri și articole, n-a reușit să vândă nici măcar una. Însă odată, un editor a scris o vorbă de încurajare în scrisoarea de refuz. Spunea pur și simplu „Bună încercare".

Perseverența este foarte importantă pentru a obține succesul. Altfel cum ar fi ajuns doi melci pe arcă?

Cred că veți fi de acord cu mine că pentru majoritatea acest mic comentariu nu ar fi un îndemn prea puternic, dar tânărului scriitor efectiv i-au dat lacrimile. Primise noi speranțe și a continuat să persevereze. Nu avea de gând să renunțe. În cele din urmă, după ani îndelungați de efort, a scris o carte care a avut o influență profundă asupra întregii lumi și l-a ajutat să devină unul dintre cei mai importanți scriitori ai anilor 1970. Este vorba despre Alex Haley și romanul său *Roots (Rădăcini)*, a cărui ecranizare a devenit unul dintre cele mai vizionate seriale de televiziune din toate timpurile.

Mesajul este clar: Dacă aveți un vis și credeți cu adevărat că aveți posibilitatea de a-l transpune în realitate, urmați-l; nu vă dați bătut. Cine știe? Poate la următorul vostru efort cineva va spune: „Bună încercare." Aceasta poate fi toată încurajarea de care aveți nevoie. Rețineți: succesul poate fi chiar după colțul străzii, după următorul deal sau după următorul efort.

Am îndeplinit toate condițiile pentru o promovare. Am făcut atâtea mișcări laterale încât sunt alături de mine. (Money and Business)

79
Se poate întâmpla orice — și adeseori chiar se întâmplă

UNUL DINTRE CLIȘEELE din atletismul profesionist este că într-o anumită zi, într-un anumit oraș, o echipă de atletism o poate învinge pe o alta. Poziția echipelor în acel moment pe lista de câștiguri și pierderi nu prea are importanță. Acest lucru e la fel de adevărat în competițiile individuale la care participă jucători talentați și hotărâți să dea tot ce e mai bun în ei.

Criticul sesizează o problemă pentru a o scoate în evidență și a-și dovedi autoritatea sau competența. Antrenorul vede o problemă pentru a lucra asupra ei și a o rezolva.
FRED SMITH

Kathy Horvath avea toate motivele pentru a crede că va pierde în fața Martinei Navratilova pe 28 mai 1983. Kathy era cotată a patruzeci și cincea din lume; Martina era considerată jucătoarea numărul unu, câștigase 36 de meciuri și întregul an nu pierduse niciun meci. Recordul ei din 1982 fusese de 90 de victorii, cu numai trei înfrângeri — în fața unor jucătoare foarte bine cotate ca Chris Evert Lloyd și Pam Shriver. În plus, Kathy Horvath avea doar 17 ani și urma să joace în fața a 16 000 de oameni.

Așa cum se întâmplă adesea în asemenea meciuri, Kathy a început în forță și a câștigat primul set cu 6 la 4. Martina a ripostat fulgerător în setul al doilea și pur și simplu și-a spulberat adversara, câștigând cu 6 la 0. Au început ultimul set și rezultatul meciului era pe muchie de cuțit. Scorul era egal — 3 la 3 — cu Martina la serviciu. Spre surprinderea tuturor, neînsemnata Kathy a câștigat setul și meciul. Cineva a întrebat-o care a fost strategia ei și Kathy a răspuns: „Am jucat ca să câștig."

E un lucru semnificativ. Foarte mulți oameni joacă pentru a nu pierde; Kathy Horvath a jucat pentru a câștiga. Vă îndemn să-i urmați exemplul.

Managerul de baseball Casey Stengel către aruncătorul Joe Garagiola: „Joe, când îi vor numi pe toți marii aruncători, tu să fii acolo și să asculți."

80
Evenimentele importante nu primesc întotdeauna o atenție pe măsură

MULȚI OAMENI ȘTIU CĂ PE 8 octombrie 1871 la Chicago a izbucnit un incendiu, care a înghițit peste 200 de vieți și a distrus peste 17 000 de clădiri. S-a vorbit foarte mult despre acest lucru și s-a făcut cel puțin un film despre incendiul din Chicago — ca să nu mai vorbim despre sutele de articole și miile de menționări la știri.

A face lucruri obișnuite într-un fel deosebit îți va asigura un viitor deosebit.

Dar mulți oameni nu știu că pe 8 octombrie 1871 a izbucnit un incendiu și la Peshtigo, în statul Wisconsin. Această vâlvătaie a înghițit 1 500 de vieți și a distrus 1,28 milioane de acri de pădure. Bineînțeles, știrile zilei erau concentrate pe Chicago și împrejurimi, pe când Peshtigo era un oraș mic și puțin cunoscut. Prin urmare, nu prea i s-a dat atenție. Cred că suntem cu toții de acord că incendiul din Peshtigo a fost un eveniment important, dar cum n-a avut parte de publicitate, foarte puțini oameni sunt la curent cu el.

Așa se întâmplă de multe ori în viață. De exemplu, Maica Tereza e bine-cunoscută în lumea întreagă pentru faptele ei incredibile și pentru dăruirea ei în a-i ajuta pe cei neajutorați. Nu o preocupa publicitatea și apărea în public doar pentru a-i încuraja pe oameni să contribuie la cauza atât de dragă ei. Practic mii de oameni fac lucruri importante în fiecare zi pentru a ajuta un vecin, un om fără adăpost sau pe cei care nu au cu ce-și încălzi locuința sau ce pune pe masă. Acești îngeri tăcuți ai milei fac aceste lucruri pentru că vor să le facă și pentru că se consideră susținătorii semenilor lor. Bucuria și satisfacția de a face ceva fără a se gândi la recunoaștere, recompense sau a primi ceva în schimb reprezintă toată răsplata pe care o doresc acești eroi anonimi. Faptele lor bune sunt născute din altruism. Fără ei, cine știe care ar fi starea de lucruri în această lume? Cu siguranță, eu nu știu, dar vă pot garanta un lucru — ar fi mult mai rău decât este. Creați o schimbare în viața altora și asta va crea o schimbare în viața voastră.

Politicienii care vă promit că vor umbla câini cu covrigi în coadă vor folosi aluatul vostru.

81
Negocieri câştig-câştig

PRACTIC ORICE ACTIVITATE IMPLICĂ aptitudini de vânzare sau de negociere. E mai simplu să negociem dacă ne simţim tari pe poziţie, având o încredere absolută în produsul nostru. De asemenea, este bine să avem un as în mânecă (o chichiţă cu care să-i dăm gata), care ne permite să influenţăm pozitiv cealaltă parte.

Tactul este arta de a te face ascultat fără a-ţi face un duşman.

Îmi place o poveste relatată în cartea *Personal Selling Power* (*Forţă personală în vânzări*). Când automobilele Renault fabricate în Franţa au fost trimise în Japonia, japonezii au cerut ca fiecare maşină să fie examinată individual. Pe de altă parte, francezii au permis accesul automobilelor japoneze la ei în ţară pe baza unor inspecţii ale tipului: un vehicul ales la întâmplare le reprezenta pe toate celelalte de aceeași marcă. Nu mai e nevoie să spun că nu era o înțelegere echitabilă.

Președintele francez François Mitterrand nu a depus o plângere. Însă a ordonat ca toate aparatele video japoneze să fie examinate separat. De asemenea, a insistat ca importul acestora să se efectueze printr-un port din sudul Franței. În port se aflau doi inspectori vamali cu mișcări lente, care fuseseră însărcinați să examineze minuțios zecile de mii de aparate video japoneze care umpleau rapid docul. Guvernul japonez a înțeles curând că zidurile construite de ei și cele construite de francezi ca răspuns îi costau o grămadă de timp și de bani pe cetățenii ambelor țări. După o scurtă negociere, automobilele Renault au început să pătrundă în Japonia într-un ritm mult mai rapid, iar francezii au revenit la ritmul normal de import al aparatelor video la ei în țară.

După câte știu, nu s-au făcut niciun fel de amenințări sau vâlvă în presă. Francezii au luat atitudine în liniște, iar japonezii au luat măsuri rapid. Negocierile au fost abile și ambele părți au avut de câștigat. Rețineți această lecție de viață fundamentală: Dacă puteți aranja o tranzacție sau o înțelegere din care să câștige ambele părți, aceasta va servi intereselor pe termen lung ale amândurora.

Secretarul adunării: „Pentru a ne asigura de atenția dvs. totală, la sfârșitul întrunirii îl voi anunța pe cel care va ține socoteala minutelor."

82
„... A-i ajuta pe alții..."

MI-AM CONSTRUIT VIAȚA ȘI AFACEREA pornind de la o concepție, și anume: în viață poți avea tot ceea ce vrei dacă ajuți suficienți oameni să obțină ceea ce vor. Sam Walton o spune în felul următor: „Am aflat repede că, atunci când îi îmbogățesc pe alții, mă îmbogățesc pe mine." Organizația Cercetașilor îi învață pe tineri, printre altele, să facă o faptă bună în fiecare zi. Acum nu demult, am avut ocazia de a ajuta o femeie incapabilă fizic să-și ridice geanta și să o pună pe compartimentul de sus în avion. Nu mai înceta cu mulțumirile, iar eu i-am spus, râzând: „Asta mi-a oferit șansa să-mi fac fapta cea bună pe ziua de azi, așa că eu vă mulțumesc." Acea faptă bună a zilei se trage din cele învățate pe când eram cercetaș. Din când în când, mai aud această vorbă de la oameni din țară. E o filozofie magnifică.

Niciun om ocupat cu un lucru foarte dificil și pe care îl face foarte bine nu-și poate pierde respectul față de sine.
GEORGE BERNARD SHAW

Unul dintre cele mai misterioase lucruri din viață este că atunci când faci ceva bun pentru altcineva, fără să te gândești la recompense, ajungi să te bucuri de binefaceri importante. Din punct de vedere științific, când faci un lucru bun, creierul este inundat cu serotonină, un neurotransmițător care-ți dă senzația de bine și te ajută să te umpli cu energie — deci jurământul cercetașilor e cum nu se poate mai valabil. Un studiu din *Psychology Today* a relevat faptul că oamenii activi în sânul comunității, care fac anumite lucruri pentru cei ce nu le pot face singuri, primesc multă energie din punct de vedere fiziologic și pot dobândi mai multe succese în cariera lor.

Sunt sigur că un copil de 13 ani care depune jurământul cercetașilor nu e conștient de toate aceste lucruri, dar asta nu reduce cu nimic beneficiile de care se bucură un cercetaș pentru faptele bune de fiecare zi. Cred că nu mai e nevoie să spun că munca de cercetaș îmi place enorm — și cred că și vouă.

O femeie către o prietenă: „Încă mai lucrăm la pregătirile de nuntă. Eu vreau nuntă și el nu." (H. Bosch)

83
A răspunde sau a reacționa

A RĂSPUNDE LA EVENIMENTELE din viață e un lucru pozitiv, iar a reacționa la ele e ceva negativ. Exemplu: Te îmbolnăvești și te duci la doctor. Probabil că după ce te examinează îți va da o rețetă, cu instrucțiuni de a reveni peste câteva zile. Dacă la a doua vizită doctorul dă din cap și spune: „Se pare că organismul dvs. reacționează la medicament; va trebui să-l schimbăm", probabil vei deveni puțin nervos. Însă dacă doctorul zâmbește și spune: „Arătați grozav! Organismul dvs. răspunde la medicament", te vei simți ușurat. Da, e bine să răspunzi la evenimentele din viața ta. Însă a reacționa față de aceste evenimente este un lucru negativ — și asta e rău. Următorul exemplu demonstrează acest fapt.

Am descoperit că bărbații și femeile care au ajuns în vârf au fost cei care s-au implicat în ceea ce aveau de făcut cu toată energia, entuziasmul și sârguința lor.
HARRY TRUMAN

Astăzi, piața locurilor de muncă e foarte agitată și multe persoane își pierd slujba din cauza reducerilor de personal, a fuzionărilor și a preluărilor de companii. Aceasta creează oportunități nebănuite pentru mulți oameni. Un aspect pozitiv al acestei tendințe este că în ultimii cinci ani, conform *Wall Street Journal*, au fost puse pe picioare peste 15 milioane de afaceri noi, dintre care peste jumătate de către femei. Foarte puține dintre femei aveau aptitudini comercializabile și toate se confruntau cu mari dificultăți financiare. Majoritatea afacerilor create erau afaceri „bazate pe încredere", adică femeile strângeau banii înainte de a livra bunurile sau serviciile. În revistă se spune că practic niciuna dintre femei n-a fost pusă sub urmărire sau întemnițată pentru incapacitatea de a răspunde acestei încrederi. Foarte interesant!

Multe dintre aceste afaceri noi — poate chiar majoritatea — n-ar fi fost inițiate dacă în viața oamenilor n-ar fi apărut un eveniment nefericit. Când aceste evenimente au apărut și nevoile au devenit evidente, femeile au ales să răspundă și, aproape fără nicio îndoială, cele mai multe dintre ele acum o duc mai bine decât înainte de „tragedie".

Mesajul este limpede: Dacă răspundeți la evenimentele din viață în loc să reacționați, aveți mai multe șanse să dobândiți succesul.

Femeia către o vecină: „Am cea mai minunată rețetă de carne! Ajunge să-i vorbesc soțului despre ea și el spune: «Hai să mâncăm în oraș.»"

84
St. John's — un colegiu care funcționează

LA COLEGIUL ST. JOHN'S ÎNVAȚĂ circa 400 de studenți care asistă la cursuri în campusurile din Annapolis, Maryland și Santa Fe, New Mexico. Administratorii au strania idee că unii scriitori și unele cărți sunt mai bune decât altele, așa că în loc să-i lase pe elevi să aleagă, servesc la toată lumea același meniu — greacă, franceză, muzică, matematică și științe, în cadrul unei diete de patru ani cu cărți de seamă ale lui Platon, Dante, Bacon, Hume, Kant, Kierkegaard, Einstein, W. F. B. Du Bois și Booker T. Washington.

Poți recunoaște un om deștept după răspunsurile lui. Poți recunoaște un om înțelept după întrebările lui.
NAGHIB MAHFOZ

Conform unui articol din *American Way Magazine*, colegiul St. John's respectă concepția medievală cum că întreaga cunoaștere este una singură și ideea omului renascentist cum că o persoană bine educată știe multe despre o mulțime de lucruri. Și mai ciudat este faptul că nu există examene de absolvire, nici instruire profesională, foarte puține concursuri de atletism între colegii, nu există fraternități și foarte puțini superiori aleși. Faptul și mai neobișnuit este că toți profesorii de la St. John's sunt pregătiți să predea toate disciplinele, de la geometria lui Euclid la politica lui Machiavelli și la mecanica cuantică a lui Heisenberg.

St. John's îi obligă pe studenți să-și asume o responsabilitate majoră pentru educația lor. Cursurile sunt în cea mai mare măsură deschise discuțiilor și fiecare student poate să-și exprime părerea, să enunțe idei și să stimuleze gândirea. Credința lor este că nu învățăm lucrurile singuri, ci împreună. Cărțile pe care le folosesc sunt extrem de dificile și se practică metoda de „a-i folosi pe ceilalți studenți din clasă ca să te ajute să le înțelegi".

Întrebare: Funcționează? Răspuns: Da. 70% dintre absolvenți urmează studii postuniversitare în decurs de cinci ani de la absolvire, iar școala se situează pe locul cinci la nivel național în ceea ce privește numărul de absolvenți care își iau doctoratul în științe umaniste. Circa 19% dintre absolvenți devin profesori sau administratori. 27% își aleg profesii cum ar fi în guvern, în administrație publică, calculatoare, inginerie și așa mai departe. Alți 20% își croiesc cariere în afaceri și în finanțe, 8% în drept și aproape 7% îmbrățișează profesii din domeniul medical și al sănătății.

Se pare că St. John's e pe drumul cel bun. Poate că și alte școli ar trebui să-i urmeze exemplul.

A asculta un politician e ca și cum ai mânca spaghete. Poți să tai de oriunde și sunt tot spaghete.

85
Fii recunoscător pentru problemele tale

DESEORI AVEM DE-A FACE cu oameni care se plâng de încercările și suferințele vieții de zi cu zi. Pentru ei, însăși viața pare să fie o mare problemă. Aș vrea să vorbesc despre această atitudine cu o abordare realistă și de bun-simț. Dacă n-ai avea probleme la slujbă, probabil că șeful tău ar angaja o persoană mult mai puțin capabilă decât tine pentru treburile de rutină care nu cer multă gândire. În lumea afacerilor, cei capabili să rezolve probleme complexe sunt cei mai valoroși pentru șefii lor.

De multe ori, problemele cu care ne confruntăm ne obligă să progresăm și să devenim mai capabili. Alergătorul care se antrenează pentru proba de o milă de la Olimpiadă alergând în josul dealului nu va avea nicio șansă să câștige medalia. Alergătorul care se antrenează alergând în susul dealului are șanse mult mai mari să dobândească viteza, rezistența psihică și răbdarea necesare pentru a câștiga medalia.

Singura cale de a merge la vale este în josul dealului.

Cel mai bun lucru care i s-a întâmplat vreodată boxerului Gene Tunney a fost faptul că și-a rupt ambele mâini în ring. Antrenorul său a crezut că nu va mai putea lovi niciodată îndeajuns de tare pentru a fi campion la categoria grea. Însă Tunney a decis că va deveni boxer științific și va câștiga titlul ca boxer, nu ca bătăuș. Istoricii boxului vă vor spune că a devenit unul dintre cei mai buni boxeri care au luptat vreodată. De asemenea, vă vor spune că n-ar fi avut nicio șansă să-l învingă pe Jack Dempsey, considerat de mulți drept cel mai mare maestru al loviturilor din istoria boxului de categorie grea, dacă s-ar fi bazat numai pe lovituri. Tunney n-ar fi ajuns niciodată campion dacă nu și-ar fi rupt mâinile.

Mesajul: Data viitoare când vă confruntați cu o ascensiune, un obstacol sau o problemă dificilă, zâmbiți și spuneți „Iată șansa mea de a progresa."

Faptul că în lumea asta există o mulțime de cartofori dovedește un lucru: bărbații și femeile sunt singurele animale care pot fi jupuite de mai multe ori.

86
Câți ani ai?

PROBABIL CUNOAȘTEȚI OAMENI de 40 de ani care sunt „bătrâni" și oameni de 70 care sunt „tineri". Spun aceasta deoarece cred că majoritatea cititorilor acestei cărți au încredere în dicționarul Noah Webster din 1828. În dicționar se face nu o dată referire la calendar sau la numărul de aniversări al cuiva. Cuvântul *bătrân*[1] este definit ca „ieșit din uz; care aparține trecutului; jerpelit; perimat". Nu-mi pot imagina că ați apela la vreunul din aceste adjective pentru a descrie felul în care percepeți viața.

Cea mai bună cale de a face față schimbării este să o creați.

ROBERT DOLE

În dicționarul Webster, cuvântul *tânăr* este definit astfel: „cu trupul, mintea sau sufletul plin de prospețime

---

[1] Old (engl.) = „bătrân" și „vechi".

tinerească". Aceasta e definiția care îmi place cel mai mult și, cu riscul de a părea lipsit de modestie, cred că mă descrie pe mine și felul în care percep viața.

Ralph Waldo Emerson a observat că „începem să numărăm anii cuiva abia atunci când nu mai e altceva de numărat". Îmi place foarte mult eroul Caleb din Vechiul Testament, care la 85 de ani a cerut să i se încredințeze vârful de munte unde trăiau giganții. Credea că îi poate alunga și a afirmat că se simte la fel de viguros și sănătos ca la 40 de ani. Se pare că avea dreptate fiindcă n-a mai rămas niciunul dintre giganții de trei metri înălțime.

Cineva a remarcat că „o bătrânețe plăcută este răsplata unei tinereți bine trăite". Aceasta se leagă de spusele psihiatrului Smiley Blanton: „N-am întâlnit niciun caz de senilitate, indiferent de vârstă, atâta vreme cât respectivii și-au menținut un interes activ față de alte ființe umane și față de alte lucruri decât propria persoană." După părerea mea, bazată și pe alte surse, n-aș merge chiar atât de departe, dar cred că, de exemplu, boala Alzheimer e o maladie fizică, în timp ce senilitatea, în multe cazuri, este rezultatul direct al unui lung șir de alegeri greșite.

Respectați niște reguli de viață sănătoase și faceți în fiecare zi exerciții fizice. Continuați să învățați lucruri noi, hrăniți-vă mintea întreaga viață cu gânduri bune, curate, pure, puternice și am convingerea că veți trăi bine și veți termina cu bine.

Nu critica greșelile partenerului. Tocmai acestea l-au împiedicat să-și găsească un partener mai bun.

87

Veşti bune în ziar

DE-A LUNGUL ANILOR, AM AUZIT mulți oameni comentând faptul că nu mai citesc de mult ziarul. Ei susțin că sunt prea multe vești proaste și insuficiente vești bune. De aceea, am fost impresionat când agențiile de presă AP și UPI au transmis niște istorisiri impresionante despre doi oameni neobișnuiți.

Associated Press a transmis povestea unei fete pe nume Dung Nguyen. Când a sosit în Statele Unite din Vietnam, știa un singur cuvânt în engleză. Opt ani mai târziu, a absolvit liceul din Pensacola, Florida. Realizările ei au fost atât de remarcabile, încât președintele a sunat-o ca s-o felicite. Telefonul primit a impresionat-o, dar și mai tare au impresionat-o oportunitățile pe care i le-a oferit America.

Obstacolele sunt lucrurile pe care le vedem când ne pierdem din vedere scopurile.

United Press International a transmis o poveste diferită, dar la fel de interesantă și încurajatoare despre Geraldine Lawhorn. Geraldine era una dintre mai vechile absolvente ale Universității Northeastern Illinois. Lucrul neobișnuit în ceea ce o privește pe Geraldine este că nu vede și nu aude. De fapt, a fost a șasea persoană incapabilă să vadă sau să audă care a absolvit colegiul. Când a fost întrebată în legătură cu realizările ei remarcabile, Geraldine a răspuns: „Toți avem aceleași scopuri, dar trebuie să mergem pe căi diferite."

A-ți stabili scopuri este un lucru foarte personal și ceea ce funcționează pentru tine e posibil să nu funcționeze pentru un altul. Dar principiul care a funcționat pentru Dung Nguyen și Geraldine Lawhorn va funcționa pentru tine sau pentru oricine altcineva. N-au renunțat. Cele două femei au văzut în problemele lor niște provocări și oportunități. Cel mai interesant lucru în legătură cu povestea lor este că și tu poți ajunge în vârf, urmându-le exemplul.

O întrebare de la un test de inteligență la care au fost supuși un bancher, un electrician și un politician: „Ce termen veți utiliza pentru a descrie problema ce apare când ieșirile depășesc intrările?" Bancherul scrise „Descoperire de cont", electricianul scrise „Suprasarcină", iar politicianul răspunse: „Problemă? Care problemă?"

88
„Nici nu te gândi"

ÎN CEI DOI ANI ŞI JUMĂTATE pe care i-am petrecut în vânzări am trecut numai prin vârfuri şi căderi — cu foarte puţine vârfuri. În fiecare an, în ultima săptămână din august, firma noastră organiza o săptămână naţională „de forţă", timp în care eram încurajaţi să nu facem altceva decât să vindem, să vindem şi iarăşi să vindem. Aceasta s-a dovedit a fi o experienţă care mi-a schimbat viaţa.

Felul în care joacă oamenii ne spune ceva despre caracterul lor. Felul în care pierd ne spune totul.

În cursul primei săptămâni „de forţă", după ce în sfârşit mi-am intrat în ritm, am vândut de peste două ori şi jumătate mai mult decât am vândut vreodată într-o săptămână. La sfârşitul săptămânii, m-am dus la Atlanta, Georgia, ca să-mi petrec noaptea la Bill Cranford, cel care mă adusese în afacere. Am ajuns la 3 dimineaţa şi în următoarele două ore și jumătate i-am povestit lui Bill toate detaliile minunatei săptămâni petrecute — o descriere non-stop, cuvânt cu cuvânt, a fiecărei convorbiri telefonice pe care o avusesem. Bill zâmbea răbdător, dădea din cap și zicea „Foarte bine! Foarte bine!"

Pe la 5 și jumătate, mi-am dat seama că eu nici măcar nu-l întrebasem pe Bill cum o mai duceau el și afacerea lui. M-am simțit îngrozitor de jenat. Am spus: „Bill, îmi pare rău! Am vorbit numai despre mine. Tu ce mai faci?"

Bill spuse cu bunăvoință, așa cum numai el putea s-o facă: „Zig, nu te gândi la asta! Oricât ai fi tu de mulțumit de rezultatele din săptămâna asta, nu ești nici pe departe atât de mândru ca mine. Vezi, eu te-am recrutat, te-am învățat lucrurile de bază, te-am încurajat când te simțeai descurajat, te-am sfătuit și te-am urmărit cum te dezvolți și te maturizezi. Zig, nu vei ști cum mă simt până când nu vei simți bucuria de a învăța, a instrui și a ajuta să se dezvolte pe altcineva căruia îi merge bine."

Privind în urmă, îmi dau seama că acesta a fost momentul în care am început să-mi dezvolt concepția pe baza căreia mi-am clădit viața și cariera — și anume că în viață poți avea tot ce vrei dacă ajuți suficienți oameni să obțină ceea ce vor. Încercați să aplicați această filozofie. Funcționează, fiindcă este regula de aur spusă sub o altă formă.

Lucrurile se schimbă. Un băiat veni acasă și îi spuse tatălui că e pe locul doi în clasă. Primul loc fusese câștigat de o fată. „Fiule", spuse tatăl, „doar n-o să te lași învins de o biată fată." „Vezi tu, tati, fetele astea nu mai sunt nici pe departe așa de biete cum erau odată." (Executive Speechwriter Newsletter)

89

Găsește ceea ce e bun

FRANKLIN HOLMES ESTE UN CAPELAN voluntar care lucrează în închisori din Tennessee, Georgia și Florida. Folosind o pagină din cartea mea *See You at the Top* (*Ne vedem în vârf*), Holmes predă un program despre importanța faptului de a căuta binele în orice situație. Într-un mod absolut incredibil, bărbații și femeile din închisori au găsit peste 30 de lucruri care le plac în legătură cu locul în care sunt întemnițați. Nu le place să fie închiși, dar asta e situația și înțeleg că aceasta e cea mai bună metodă de a-și face șederea suportabilă și chiar folositoare.

O greșeală: Un eveniment care încă nu e pe de-a-ntregul în avantajul tău.
EDWIN LAND

Iată o parte a listei cu lucrurile care le plac:

1. Programul de autoajutorare, programele organizate de biserică și studiile asupra Bibliei care le sunt oferite.
2. Să meargă afară să lucreze.
3. Magazinul și biblioteca închisorii.
4. Curtea, unele alimente și gimnastica.
5. Faptul că pot merge la capelă și să se bucure de pace și liniște.
6. Filmele din weekend și unii dintre ofițerii de pază.
7. Să primească stimulente scrise și posibilitatea de a fi remarcați.
8. Faptul că au răgaz să-și dea seama unde au greșit și că își pot folosi timpul în mod înțelept.
9. Faptul că nu sunt încuiați tot timpul în dormitoarele lor.
10. Capacitatea de a lucra asupra atitudinii lor și de a-și dezvolta credința.
11. Posibilitatea de a lucra asupra scopurilor și relațiilor.
12. Faptul că „își petrec timpul" și nu „timpul îi petrece pe ei".
13. Sarcinile pe care le primesc, ce includ libertate și flexibilitate.
14. Faptul că închisorile se află în munți și pe dealuri.
15. Cărțile din bibliotecă și să aibă la dispoziție ziarul local.
16. Faptul că au cu cine să se sfătuiască, vizitele și pachetele de acasă.
17. Haine noi și posibilitatea de a face modificări.
18. Acces la servicii medicale și stomatologice.
19. Programele de instruire, de vizite și de stimulare.
20. Acces la o bibliotecă de legi actualizată.

Acești oameni pot găsi 38 de lucruri care le plac în legătură cu locul în care sunt întemnițați. Desigur, și noi putem găsi multe lucruri care ne plac cu privire la cine suntem, ceea ce facem, locul în care trăim, oamenii alături de care trăim, oportunitățile pe care ni le oferă viața. Încercați să găsiți pretutindeni binele și viața voastră va fi cu mult mai fericită.

Dacă speri să reușești în viață, nu uita că printr-un mic efort ici și colo nu vei deveni un expert.

90
Stresul — bun sau rău?

DUPĂ DICȚIONARUL NOAH WEBSTER din 1828, stresul înseamnă „a forța sau a conduce"; stresul înseamnă „urgență, presiune, importanță". De asemenea, este „focalizare, concentrare a atenției, evidențiere". Examinând întreaga definiție din dicționar, ajungem la concluzia că stresul poate fi ceva bun sau rău. Dacă suntem prea stresați, ne pierdem somnul, devenim nervoși și iritabili și putem face hipertensiune arterială. Dacă nu simțim niciun fel de stres, e posibil să nu dăm nicio importanță la ceea ce facem. Asta poate fi la fel de rău ca stresul în exces. Se pare că în ceea ce privește stresul, cheia este o viață echilibrată.

Cum înfruntăm situațiile relativ stresante (o creștere temporară a volumului de sarcini de îndeplinit, o mică descoperire de cont la bancă, mașina care ne amenință cu o reparație etc.) și cum menținem stresul la nivelul potrivit? În această privință, sentimentele noastre sunt foarte importante. Cei mai mulți dintre noi își dau seama când se simt prea stresați, așa că haideți să examinăm câteva metode pentru a reduce stresul când suntem confruntați cu situații ce implică un grad relativ scăzut de stres.

Trebuie să identificați cauza stresului. E vorba de o neînțelegere cu un coleg sau cu un membru al familiei? E vorba de faptul că vă implicați atât de mult în responsabilitățile voastre, încât vă pierdeți perspectiva asupra tuturor fațetelor unui stil de viață echilibrat? În acest caz, ce e de făcut? În primul rând, dacă aveți probleme cu o persoană, faceți-vă timp să stați de vorbă. Încercați să vă puneți în pielea celuilalt. Dacă ați greșit, recunoașteți și cereți-vă iertare. N-o să vă cadă rangul. Veți câștiga respect fiindcă ați recunoscut că astăzi sunteți mai înțelepți decât ieri. În al doilea rând, căutați o supapă. Faceți-vă timp pentru voi chiar și numai câteva minute. Câteva momente liniștite de lectură, o plimbare plăcută, câteva clipe de relaxare sau o schimbare de decor pot face minuni. Urmați acești pași pentru a vă elibera de stres.

Dacă e folosit corespunzător, un anumit grad de stres poate fi în avantajul nostru.

În 1492, Columb nu știa încotro merge, era însoțit de un echipaj răzvrătit și toți banii săi erau de împrumut. Astăzi ar fi un candidat politic. (Orben — „Current Comedy")

91
S-a pregătit pentru succes, nu pentru eșec

UNA DINTRE PERSOANELE MELE preferate și cu siguranță unul dintre cei mai mari maeștri americani în arta comunicării este Neal Jeffrey. În 1974, Neal, jucând pe poziția de fundaș, a adus victoria echipei Baylor Bears în campionatul Southwest Conference. Astăzi vorbește multor organizații de tineret, precum și oamenilor de afaceri adulți. Este cu adevărat unul dintre cei mai spirituali, mai sinceri și mai capabili oratori pe care i-am auzit vreodată. Lucrul interesant este că Neal se bâlbâie. Însă el a ales să facă din asta un avantaj și nu o problemă.

Acum gândiți-vă la cele abia citite. Pentru cei mai mulți, un fundaș de mare succes și un orator public sunt două lucruri complet diferite. Neal Jeffrey a transformat un lucru negativ într-unul pozitiv. După ce vorbește câteva minute, spune audienței că, în cazul în care n-a observat, e bâlbâit. Apoi, cu un zâmbet larg, continuă: „Uneori mă intimidez puțin. Dar nu vă faceți griji. Vă garantez că se va întâmpla ceva!" Invariabil, audiența răspunde cu entuziasm.

Neal este exemplul clasic al unui om deosebit care a ales să transforme un obstacol într-un avantaj. Obstacolul l-a obligat pe Neal să fie mai creativ și să citească, să cerceteze și să studieze pentru a-și transforma pasivul în activ într-un mod cât mai eficient. Rezultatul: s-a pregătit pentru succes, nu pentru eșec. Nu a devenit mai bun în ciuda bâlbâielii, ci datorită ei. Neal a atins și continuă să atingă noi obiective în toate domeniile vieții sale. Cred că și tu poți face același lucru.

Când (nu dacă) apar necazuri și probleme, nu uita că singura cale de a ajunge în vârf este să o iei prin vale.

Cu toții avem probleme care ne pot trage înapoi sau ne pot propulsa înainte. În cele mai multe cazuri, alegerea ne aparține. Așa că recunoașteți-vă și evaluați-vă piedicile sau pasivele, apoi găsiți o cale de a le transforma în active.

Profesorul: „Greg, spune colegilor ce este un compromis."
Greg: „Un compromis este o înțelegere din care doi oameni obțin ceea ce nu a dorit niciunul."

92
P.S.V.

CÂND MI-AM ÎNCEPUT CARIERA în vânzări, unul dintre primele lucruri pe care le-am învățat a fost „Păstrează Simplitatea, Vânzătorule". Comunică astfel încât mesajul tău să fie cât se poate de limpede. Dacă mesajul nu este clar, potențialul client se simte derutat și o persoană în derută rareori trece la acțiune.

Acest sfat este valabil în orice domeniu. De exemplu, pentru cursele de maraton astăzi se folosesc psihologi ai sportului, regimuri de antrenament computerizate și pantofi de sport speciali. Poate că toate sunt necesare pentru a câștiga cursa. Nu spun că aceste lucruri ar fi fără folos, dar Toshihiko Seko n-a avut nevoie de ele pentru a câștiga maratonul de la Boston.

Am fost peste măsură de impresionat când Seko a câștigat maratonul de la Boston din 1981. Programul său de antrenament era simplitatea întruchipată și Seko îl descrie în câteva cuvinte: „Alergam zece kilometri dimineața și 20 seara." În acest moment probabil vă gândiți: *Trebuie să fie o capcană!* Dar acest plan i-a permis să-i întreacă pe cei mai mari, mai rapizi și mai înzestrați alergători din lume. Când i s-a spus că planul lui pare prea simplu față de planurile celorlalți maratoniști, Seko a răspuns: „Planul este simplu, dar eu l-am urmat în fiecare zi, 365 de zile pe an." Simplu? Da. Ușor? Nu.

Am convingerea că motivul pentru care majoritatea oamenilor nu-și ating scopurile nu este că planurile lor ar fi prea simple sau prea complicate. Cei mai mulți oameni nu reușesc să-și atingă scopurile fiindcă nu sunt implicați și dispuși să le urmeze.

> Două metode sigure de a da greș: gândiți fără să acționați sau acționați fără să gândiți.

Multe dintre obiectivele noastre nu necesită planuri detaliate, dar pentru toate e necesar să respectăm planul propus. Planul lui Seko a fost eficient fiindcă l-a urmat în fiecare zi. Ce poate fi mai simplu? Urmați exemplul lui Seko: asigurați-vă că planul pentru atingerea scopurilor voastre e simplu, apoi respectați-l cu atenție.

Înregistrare de pe un automat telefonic de la un magazin universal: „Dacă sunați pentru a face o comandă, apăsați 5. Dacă sunați pentru a face o plângere, apăsați 6-4-5-9-8-3-4-8-2-2-9-5-5-3-9-2. O zi bună."

93
Succesul este un parteneriat

EXISTĂ UN CLIŞEU CE SPUNE că în spatele oricărui bărbat de succes se află o soacră uluită. În majoritatea cazurilor, sau chiar în toate, succesul este rezultatul direct al eforturilor unei persoane şi al suportului şi încurajării primite din partea altei sau altor persoane.

După cum se spune, atunci când vezi un porumbel pe un stâlp de gard, poţi să fii sigur că n-a ajuns acolo singur. Când vedeţi o persoană care urcă pe scara succesului şi ajunge în vârf, ştiţi că nu a ajuns acolo numai datorită propriilor eforturi. Practic în orice situaţie, a primit speranţă şi încurajare de la alţii.

Nathaniel Hawthorne este un exemplu bun. Se simţea descurajat şi cu inima zdrobită când s-a dus acasă şi i-a spus soţiei sale, Sophia, că era un ratat fiindcă fusese dat afară din slujba sa de la vamă. La auzul acestei veşti, ea l-a lăsat perplex printr-o izbucnire entuziastă de bucurie. „Acum", a spus ea pe un ton triumfător, „poţi să-ţi scrii cartea!" Hawthorne a răspuns cu o întrebare: „Din ce vom trăi cât timp voi scrie această carte?" Spre surprinderea şi încântarea lui, ea a deschis un sertar şi a scos de acolo o sumă importantă de bani. „De unde îi ai?" a întrebat el. „Am știut întotdeauna că ești un om de geniu", i-a spus ea, „și știam că într-o zi vei scrie o capodoperă, așa că în fiecare săptămână am economisit o parte din banii pe care mi i-ai dat pentru gospodărie. Aici sunt destui bani pentru un an întreg." Încrederea, cumpătarea și planificarea grijulie a soției sale au dat naștere unuia dintre romanele clasice ale literaturii americane — *The Scarlet Letter* (*Litera stacojie*). Povești ca aceasta sunt cu miile — sau cu milioanele. Sunt lucruri care se întâmplă tot timpul.

Mulți oameni au ajuns mai departe decât au crezut că pot fiindcă altcineva a crezut că ei pot.

Dacă aceasta este și povestea ta, sper să acorzi încredere celor care te-au sprijinit.

Dacă îi punem laolaltă pe toți congresmenii, vor cântări cam 48 000 de kilograme. Evident, ceva care cântărește 48 de tone nu se poate mișca rapid. (Charlie „Tremendous" Jones)

94
Automobilul Edsel a fost un succes ieșit din comun

POATE VĂ AMINTIȚI că automobilul Edsel produs de Ford Motor Company a fost, din punctul de vedere al numărului de cumpărători, un eșec lamentabil. S-au pierdut zeci de milioane de dolari; mașina a fost ținta a numeroase glume și curând a ajuns în cimitirul mașinilor ratate.

Însă restul poveștii e total diferit. A eșua nu înseamnă să fii învins, ci să renunți. Ford Motor Company — după cum știți — nu a renunțat. De fapt, Edsel a dus la un succes incredibil. Unele din tehnologiile dezvoltate și din studiile care au urmat au permis companiei să fabrice modelul Mustang, care a devenit cel mai bine vândut și mai profitabil automobil al lui Ford până în acel moment. Pe baza studiilor despre Mustang, inginerii au reușit să producă modelul Taurus și timp de mai mulți ani acesta a fost automobilul cel mai bine vândut din America.

Mesajul acestor întâmplări este că atunci când facem o greșeală — și asta ni se întâmplă tuturor din când în când — trebuie să ne întrebăm: „Ce putem învăța pentru a transforma acest eșec temporar într-un succes răsunător?" Este începutul lucrurilor mărețe. Nu ne atingem niciodată adevăratul potențial până când nu suntem supuși încercărilor. În mod tradițional, echipa care urmează calea cea mai grea către Supercupă, care joacă și învinge echipele cele mai dure, este cea care câștigă Supercupa.

Mesajul: Când stați față în față cu dușmanul și vă confruntați cu un eșec, priviți-l ca pe o experiență din care aveți ceva de învățat. Asta a făcut și Ford. Acesta e motivul pentru care, privind în perspectivă, Edsel a ajuns în cele din urmă un mare succes. Folosiți această abordare și veți transforma „automobilele voastre Edsel" în succese.

Dumnezeu caută progresul, nu perfecțiunea, așa că obiectivul nostru este să ne perfecționăm, nu să fim perfecți.

Această țară are un grad de urbanizare atât de ridicat încât credem că laptele cu conținut scăzut de grăsimi provine de la vaci care fac gimnastică aerobică. (H. A. O'Rourke)

95
A transforma tragedia în triumf

VREME DE MULTE GENERAȚII din secolele trecute, procedura standard de a forma meșteșugari pricepuți a fost ca tatăl să-și învețe fiii meseria. Aptitudinile necesare pentru o meserie erau transmise din generație în generație. Cu mulți ani în urmă, un cizmar îl învăța pe fiul lui de nouă ani meseria sa, ca să-l pregătească pentru viață. Într-o zi, de pe masa cizmarului căzu un priboi și, din nefericire, îi scoase ochiul băiatului. În lipsa cunoștințelor medicale și a experienței de azi, fiul a ajuns să-și piardă și celălalt ochi.

Tatăl lui l-a dat la o școală specială pentru nevăzători. La acea vreme, elevii erau învățați să citească cu ajutorul unor blocuri mari de lemn sculptate. Blocurile erau greoaie, incomod de mânuit și era nevoie de foarte mult timp să înveți să citești de pe ele. Însă fiul cizmarului nu s-a mulțumit să învețe să citească. Știa că trebuie să fie o cale mai ușoară și mai bună. Peste ani, a conceput un nou sistem de citire pentru nevăzători, care folosea găuri perforate în hârtie. Pentru a-și atinge obiectivul, fiul cizmarului a folosit același priboi din cauza căruia își pierduse vederea. Numele lui era Louis Braille.

A TRANSFORMA TRAGEDIA ÎN TRIUMF

Zicala nu și-a pierdut înțelesul: Nu contează ce ți se întâmplă, ci cum răspunzi la ceea ce ți se întâmplă. Îmi place ce a spus președintele Reagan despre primul său mandat: „De când am venit la Casa Albă m-am ales cu două aparate auditive, o operație la colon, cancer de piele, o operație de prostată și am fost împușcat." S-a oprit. Apoi a zis: „Niciodată nu m-am simțit atât de bine." Cred că veți fi de acord că atitudinea vă va duce mult mai departe decât deplângerea evenimentelor nefericite din viață. Urmați sfatul lui Hellen Keller, care a spus: „Dacă ceea ce vedeți în față nu e bine, încercați să priviți în sus. Întotdeauna e bine."

Cu toții vom fi judecați într-o zi după felul în care trăim și nu după cât de bine trăim; după măsura în care dăruim și nu după măsura bogăției; după bunătatea adevărată și nu după măreția aparentă.
WILLIAM ARTHUR WARD

Un navetist către un altul: „De fapt, soacra mea și cu mine avem multe în comun. Amândoi am fi dorit ca soția mea să se fi măritat cu altcineva." (H. Bosch)

96

Imposibilul de ieri

ÎMI AMINTESC PUBLICITATEA CARE a însoțit fapta lui Edmund Hillary de a fi prima persoană care a escaladat muntele Everest. A devenit o celebritate peste noapte, chiar dacă eșuase la prima încercare și cinci dintre ghizii săi muriseră în munți. Anglia a recunoscut efortul său extraordinar, oferindu-i cea mai înaltă distincție acordată unui străin — titlul de cavaler. Câțiva ani mai târziu, Hillary se afla din nou în articolele de pe prima pagină, când fiul său a urcat pe vârful muntelui Everest și a vorbit cu tatăl său prin radio.

Astăzi, conform spuselor guvernului din Nepal, sunt mulți alpiniști care ajung pe vârful Everest. În realitate, s-a semnalat chiar și un caz-record, când 37 de persoane au atins vârful Everest în aceeași zi. Șapte echipe au ajuns în vârf în decurs de o jumătate de oră și au provocat un „blocaj de circulație". Da, imposibilul de ieri deseori devine standardul de mâine.

Pe 6 septembrie 1995 a fost doborât unul dintre cele mai rezistente recorduri ale lumii. Vorbesc despre turul de forță „Omul de fier" al lui Lou Gehrig, care a jucat în 2 130 de meciuri de baseball consecutive. S-a crezut că recordul lui Gehrig este de nedoborât, dar Cal Ripken a stabilit un nou record și se străduiește să atingă culmi și mai greu de atins. Un alt record considerat de neînvins era numărul de lovituri primite de Ty Cobb, dar cu câțiva ani în urmă Pete Rose l-a doborât. Astăzi, fete de 12 ani înoată mai repede decât înota Johnny Weissmuller când a câștigat medalia olimpică de aur.

Cei mai mulți dintre noi ne entuziasmăm când citim despre asemenea realizări supraomenești, dar cu mult mai important este să ne doborâm propriile recorduri. Niște note mai bune, un record mai bun la muncă, un record mai bun la capitolul „amabilitate" și o mulțime de alte recorduri vă vor face să fiți mai buni în cel mai important meci — meciul vieții.

Cel mai bun moment pentru a face ceva important este cândva între ieri și mâine.

Comentatorul de fotbal Jim Tunney spune: „După mine, un fan este un tip care țipă la tine de pe rândul 60 al suporterilor fiindcă ai ratat un apel de oprire în centrul liniei interioare, iar după meci nu reușește să-și găsească mașina în parcare."

97
Cum mâncăm un elefant

ZICALA ESTE CUNOSCUTĂ de multă vreme, dar e la fel de adevărată: „Cum mănânci un elefant? Cu înghițituri mici." La fel de adevărat este că puteți aduce foloase umanității și puteți schimba viața a nenumărați oameni puțin câte puțin.

Una dintre cele mai mișcătoare povești pe care le-am auzit în ani întregi este cea a Oseolei McCarty din Hattiesburg, Mississippi. Are 88 de ani și și-a petrecut întreaga viață spălând, călcând și cârpind haine. Hainele erau purtate la petreceri la care ea n-a participat niciodată, la nunți unde n-a fost invitată nicicând și la întruniri de absolvire la care n-a avut privilegiul să asiste. Nevoile ei erau extrem de simple. Nu avea nimic împotrivă să trăiască într-o casă mică și să facă economii în toate felurile posibile — inclusiv să taie partea din față a pantofilor dacă nu-i veneau. A avut întotdeauna un salariu mic, în general în bancnote de un dolar și în mărunțiș, dar a economisit în mod consecvent și de curând a donat 150 000 de dolari pentru bursele școlare ale studenților de culoare de la Universitatea Southern Mississippi. Impactul pe care l-a avut darul ei a fost incredibil. A fost desemnată drept persoana cea mai altruistă. Liderii de afaceri din Hattiesburg au pus și ei 150 000 de dolari, iar cei 300 000 de dolari sunt folosiți pentru burse școlare.

Doamna McCarty încă se simte copleșită de atenția cu care o învăluie presa și de numărul celor care trec să o vadă. Are o singură cerință și speranță: că i se va oferi privilegiul să asiste la ceremonia de absolvire a cel puțin unuia din studenții care au urmat facultatea datorită generozității ei. Și-ar fi dorit să fi urmat și ea o facultate, dar spune că a fost întotdeauna „prea ocupată". Acum speră că aceasta le va permite altora să se bucure de educația de care ea n-a avut parte.

Când vă confruntați cu probleme, în loc să vă începeți gândurile și frazele rostite cu „Problema este...", folosiți „Ocazia de a mă schimba este..." sau „Ocazia de a îmbunătăți este..." sau „Ocazia de a progresa este...".

Mesajul: Nu contează ceea ce ai, ci cât de bine folosești ceea ce ai. Vă încurajez să urmați exemplul Oseolei McCarty și să-i ajutați pe alții să aibă succes. Vă veți simți chiar mai bine decât ei.

Anunțul unui psihiatru în ziarul local: „Satisfacție garantată sau boala vi se rambursează."

98
E nevoie de curaj

JANET CARROLL ARE CURAJ din belșug, oferă încurajare și prilejul de a se schimba oamenilor din întreaga Americă, atrăgându-ne atenția asupra eroilor anonimi care de obicei nu sunt recunoscuți, dar se află pretutindeni în jurul nostru, sub cele mai diverse chipuri. Janet Carroll este de asemenea o femeie îndrăzneață, dedicată, plină de imaginație și voință de a merge mereu mai departe.

Ideea ei a fost să aducă în atenția publicului câteva evenimente interesante petrecute la noi în țară. A ales să se concentreze asupra unor oameni liniștiți, care evită publicitatea, dar datorită cărora America este un loc mai bun pentru a trăi. A renunțat la slujbă, a împrumutat 27 000 de dolari pe cărțile de credit și a devenit scenaristul, producătorul, directorul, comerciantul, întreprinzătorul, organizatorul, creatorul și motivatorul programului de televiziune *Eroi anonimi*. Primul ei program a fost transmis pe 23 decembrie 1991 și timp de trei ani a fost vizionat în spațiul de maximă audiență TV, de șase sau șapte ori pe an.

Privind în urmă, Janet Carroll spune că, dacă ar fi știut pe vremea aceea ce știe astăzi, probabil că n-ar fi lansat programul. Gândiți-vă care era situația ei: nu avea bani, era o mamă singură, nu avea experiență ca producător de televiziune și a trebuit să înfrunte profesioniștii și oamenii cu bugete nelimitate, care folosesc ultimele tehnologii pentru a-și produce spectacolele.

Impactul pe care l-a avut emisiunea asupra lui Janet și a multor altora a fost semnificativ, inclusiv asupra unui cameraman care a remarcat că se simte foarte „important" când stă în spatele camerei și filmează oameni importanți. „Dar", a spus el, „în cazul acestor eroi anonimi recunosc pe deplin că sunt cu adevărat eroi și e un privilegiu pentru mine să îi filmez." Da, Janet Carroll a fost și este o persoană capabilă să producă o schimbare; la fel sunteți și voi, așa că faceți o schimbare în bine.

Gândirea negativă poate fi cucerită de gândirea pozitivă, care înseamnă mai mult decât să repeți ca un robot: „Cred că pot", „Cred că pot". Înseamnă a explora motivele și a căuta resursele. Înseamnă să știi că ai dreptate. Înseamnă să pui adversitățile în mișcare și să le transformi în avantaje.

Mă gândeam să mă înscriu la un curs de autoafirmare, dar soția mea a spus că nu am nevoie de el. (Frank Hughes)

99
Dacă ai luat o decizie greșită, schimb-o

CAROL FARMER ERA O PROFESOARĂ nefericită, care după numai două semestre și-a dat seama că domeniul educativ nu era pentru ea. În ciuda investiției considerabile de timp și efort pentru a deveni profesoară, a recunoscut că aceasta nu era chemarea ei. Dar ce altceva ar fi putut face? Visase întotdeauna să devină designer, așa că și-a propus să-și împlinească acest vis. Un aspect al scopului ei era să câștige mai mulți bani din design în primul an de activitate decât câștiga în învățământ. Când lucrase ca profesoară câștigase 5 000 de dolari. În primul an ca designer a câștigat 5 012 dolari, așa că și-a atins primul scop.

A acceptat o slujbă la unul dintre clienții ei pentru 22 000 de dolari pe an, de peste patru ori mai mult decât câștiga cu doi ani înainte. La scurt timp după aceea, salariul i-a fost mărit la 35 000 de dolari, dar visurile ei crescuseră și a refuzat oferta, pentru a-și înființa propria companie. În primul an a câștigat peste 100 000 de dolari — de 20 de ori mai mult decât câștigase cu mai puțin de zece ani în urmă și de cinci ori mai mult decât în anul precedent. În 1976, Carol Farmer a fondat compania Doody și în următorii trei ani a încasat peste 15 milioane de dolari. Personalul ei a crescut de la șase la 200 de oameni. A obținut recunoașteri considerabile pentru realizările ei și a împărtășit secretele succesului său în afaceri studenților de la Universitatea Harvard.

Mult prea adesea, oamenii privesc obstacolele ca pe niște bariere și nu ca pe niște oportunități. Carol și-a asumat un risc calculat — ceea ce fac majoritatea oamenilor de succes (e nevoie de curaj pentru a începe, de dăruire pentru a continua și de perseverență pentru a ajunge la destinație). Riscul calculat își are meritele lui, dar aici nu vorbesc despre pariuri. Oamenii de succes nu-și încearcă norocul la întâmplare. Își calculează șansele, ceea ce a făcut și Carol Farmer. Pe parcurs, a transformat dezamăgirea și nefericirea unei cariere în fericirea, creativitatea și profitul alteia. Vă încurajez să vă alăturați lui Carol Farmer, abordând creativ obstacolele și dezamăgirile.

Dacă ai un vis, trezește-te și urmează-l.

Banii nu aduc fericirea, dar vor plăti salariile unei echipe de cercetare uriașe care va studia problema. (Bill Vaughn)

100
Nu e vorba de ceea ce n-ai

AȚI AUZIT-O DE MULTE ORI: „Viața este așa cum ți-o creezi." Sau putem s-o spunem puțin altfel, așa ca prietenul meu Ty Boyd: „Nu poți schimba cărțile pe care ți le-a împărțit viața, dar poți hotărî cum vei juca cu ele." Aceasta e filozofia după care a hotărât să trăiască Wendy Stoeker. Când era boboc la Universitatea din Florida, Wendy s-a clasat pe locul trei la campionatul feminin de sărituri de la trambulină. Pe vremea aceea, înota în poziția a doua în remarcabila echipă de înot din Florida și pe deasupra participa la toate cursurile de la facultate.

Wendy Stoeker pare să fie o studentă împlinită, optimistă, echilibrată, capabilă să-și trăiască viața așa cum vrea, nu-i așa? Ei bine, aveți dreptate. Adevărul este că ea deja și-a creat viața pe care o dorește, cu toate că s-a născut fără brațe.

În pofida faptului că nu are brațe, lui Wendy îi place să joace bowling și să facă schi nautic și bate la mașină peste 45 de cuvinte pe minut. Wendy nu se plânge de ceea ce n-are. Folosește ceea ce are. Realitatea este că dacă fiecare dintre noi ar folosi ceea ce are și nu și-ar face griji cu privire la ceea ce n-are, ar reuși să facă mult mai mult în viață.

Mesajul este următorul: Urmați exemplul lui Wendy Stoeker. Gândiți-vă pozitiv la ceea ce vreți de la viață. Decideți să folosiți ceea ce aveți, indiferent de obstacolele cu care vă veți confrunta. În acest fel, viața voastră va deveni mai interesantă, mai împlinită și mai productivă.

Condițiile ne pot înălța sau doborî. Alegerea este a noastră.

Mulți oameni tânjesc după ceea ce vor, dar nu muncesc pentru asta.

101
Învaţă să spui „da"

TRĂIM ÎN EPOCA VITEZEI ŞI, în aceste vremuri în care ambii părinţi lucrează, nu avem niciodată destul timp să facem ceea ce vrem şi ceea ce e nevoie. Unul dintre aceste lucruri este să petrecem mai multă vreme cu copiii noştri. Din nefericire, din cauza timpului foarte limitat, ne e mult mai uşor să spunem „nu" atunci când copiii doresc lucruri mărunte.

Soluţie: Într-un articol publicat în *Better Families* (*Familii mai bune*), dr. Kay Kuzma oferă câteva abordări practice pe care le putem utiliza. Ne sugerează că putem spune „da" în multe situaţii şi este mai eficient pentru că le oferă copiilor nişte lecţii valoroase. De exemplu, copilul poate întreba: „Pot să mă uit astă-seară la emisiunea mea preferată de la televizor?" Părinţii pot spune: „Da, după ce speli farfuriile şi le pui la loc" sau „Da, după ce o suni pe Sally şi îţi ceri scuze pentru comportarea ta de azi după-amiază."

Această abordare vă permite să vă transformaţi în ochii copilului dintr-o persoană care vrea să-i interzică o plăcere într-un părinte care doreşte să-l ajute să se comporte mai bine, într-un mod mai matur. Adolescentul vă poate cere să folosească maşina a doua zi de dimineaţă, pentru a face câteva ture și pentru a merge în parc. Puteți spune: „Da, de îndată ce o speli și dacă în drum spre casă te oprești la benzinărie ca să-i faci plinul." În acest fel îl înveți pe copil ce înseamnă responsabilitatea. Răspunde cu „da" la o cerere rezonabilă și arată că ai încredere în copilul tău.

Dr. Kuzma mai afirmă că atunci când un copil întreabă: „Pot să iau desert?" puteți răspunde: „Da, după ce-ți termini salata sau legumele." În acest fel, acordați o mică recompensă pentru o responsabilitate împlinită. Copilul dobândește o plăcere temporară și niște beneficii pe termen lung. Puneți în aplicare sugestiile dr. Kuzma și veți face un pas uriaș către a crește un copil optimist, politicos, responsabil.

Nu e dezonorant să rămâi repetent, dar e dezonorant să fii needucat.

Orice căsnicie e în pericol când un bărbat își arată partea cea rea către jumătatea sa cea bună.

102
E o problemă sau o ocazie?

RANDY MALES ESTE VÂNZĂTOR de mobilă. În magazinele de mobilă, vânzătorii îi servesc cu rândul pe clienți. Într-o zi, un coleg de-al lui spuse, bombănind: „Nu pot să le vând acestor oameni!" Randy întrebă care era problema și vânzătorul îi spuse că bărbatul nu vedea și nu auzea, iar femeia vedea și auzea foarte slab. Vânzătorul spuse categoric că nu-și va pierde timpul încercând să se ocupe de ei și că nu-i poate considera clienții lui. Randy întrebă dacă era vreo problemă să vorbească el cu cuplul. Răpunsul fu: „Da, dacă vrei să-ți pierzi timpul."

Randy se apropie de clienții din față, fiindcă femeia putea să întrezărească forme și lucruri ținute direct în fața ei. Le vorbi și femeia îi făcu semn că e surdă. Randy luă o tăbliță și scrise cu litere mari: „Mă întorc imediat." Reveni cu o tablă mare de scris și „vorbi" cu cuplul prin intermediul acesteia. Cei doi făcură o serie de cumpărături considerabile și plecară cu un zâmbet larg pe față. A doua zi, Randy primi un telefon de la serviciul de traduceri al bătrânului, cu mulțumiri pentru amabilitatea lui. Lui Randy îi făcu plăcere, dar spuse repede că nu era un sfânt. Era doar un vânzător dispus să facă un efort în plus.

De atunci, mai mulți prieteni ai cuplului veniră să cumpere mobilă de la Randy. Fiindcă a făcut un efort în plus, Randy a transformat problema unui vânzător în propria sa șansă.

Vă împărtășesc această poveste cu foarte mare plăcere, fiindcă mesajul are o valoare reală și fiindcă Randy, un fost săpător de șanțuri, a fost inspirat de fratele meu, răposatul Judge Ziglar. Mesajul este limpede: Faceți servicii celor care au cea mai mare nevoie de ele și voi veți fi cei recompensați.

Al doilea kilometru e ușor de parcurs — nu sunt blocaje de circulație.

Nu e interesant că, indiferent ce se întâmplă, vom descoperi un mare număr de oameni care „știau că așa va fi"?

CUPRINS

CUVÂNT-ÎNAINTE 9

INTRODUCERE 12

1. Urmează liderul 14
2. Ambiția — bună sau rea? 16
3. De la fiică de culegător la rector universitar 18
4. Puterea cuvântului 21
5. Aspectul contează 23
6. De ce să ne facem griji? 25
7. Să-ți legi șireturile 27
8. Liderii acceptă responsabilitatea 29
9. Prevenirea — cel mai bun „remediu" pentru dependență 31
10. ...Cade, dar se ridică 33
11. Puterea atitudinii 35
12. Conducătorii sunt manageri 37

13. Faptele sunt întotdeauna mai tari decât vorbele 39

14. Are 85 de ani, dar cine stă să țină socoteala? 41

15. Vreau sau trebuie? 43

16. De ce n-am folosi metoda care funcționează? 45

17. Mingea poate sări așa cum vreți 48

18. Conducerea care conduce 50

19. Alegerea îți aparține 52

20. Implicare totală 54

21. Cheia este convingerea 56

22. Motivație, manipulare și conducere 58

23. Vine din suflet 60

24. Domnișoara Amy Whittington
    este cea care schimbă vieți 62

25. Demnitatea simplității 64

26. Orășelul care a reușit 66

27. Răspundeți — nu reacționați 69

28. Adevărul este mai ciudat
    și mai incitant decât ficțiunea 71

29. Egoismul inteligent 73

30. „… pentru a-mi păstra…" 75

31. Niciodată nu e prea târziu 77

32. Renăscut din cenușă 79

33. O slujbă mai bună 81

34. Munca: Cine are nevoie de ea? 83

35. Întreprinzătorul e bine sănătos............................ 85

36. Liderii știu să comunice 87

37. Progresul în viață.. 89

38. Cum să termini cu bine 91

39. Ajută-i pe ceilalți — ajută-te pe tine 93

40. Prieteni 95

41. Ea a tras linia... 97

42. Dragostea spune „nu" clipei................................ 99

43. Să fim chit.. 101

44. Este o filozofie, nu o tactică............................... 103

45. „Sunt ceea ce fac" 105

46. Întreprinzătorul de zece ani............................... 107

47. Manierele contează... 109

48. Pe aici către fericire 111

49. Viața e ca o piatră de moară.............................. 113

50. Se caută: încă un prieten 115

51. Un personaj de neuitat....................................... 117

52. Nu contează de unde vii, ci încotro mergi............ 119

53. O întâmplare ne poate schimba
    pentru totdeauna.. 121

54. Improbabil, imposibil și nu se poate întâmpla 123

55. Orele suplimentare înseamnă productivitate și profit suplimentar 125

56. Vaca ultradotată 127

57. Oferă-ți recompense 129

58. Fii bun și ascultă 131

59. Profesorii inspirați au elevi inspirați 133

60. Cititul, scrisul și aritmetica nu sunt de ajuns 135

61. A dat tot ce avea 137

62. Coș cu coș 139

63. De la jumătate de normă la succes total 141

64. Este mai bine să dăruiți 143

65. Nu e vina mea 145

66. Despre Brenda Reyes și marina militară 147

67. Lucrurile mărunte produc schimbări importante 149

68. Sunt singurul care face ceva aici! 151

69. O echipă de vedete sau o echipă vedetă? 153

70. Revitalizarea celor în vârstă 155

71. De la bogăție la faliment și iar la bogăție 158

72. Acele succese „neașteptate" 160

73. Iubirea e ca punctajul la tenis 162

74. „Era întruchiparea vitezei și a mișcării" 164

75. Toți suntem datori 166

76. Sam Walton a fost un om pentru oameni 168

77. Există mai multe căi? 170

78. Perseverența este răsplătită 172

79. Se poate întâmpla orice — și
    adeseori chiar se întâmplă 174

80. Evenimentele importante nu primesc
    întotdeauna o atenție pe măsură 176

81. Negocieri câștig-câștig 178

82. „… A-i ajuta pe alții…" 180

83. A răspunde sau a reacționa 182

84. St. John's — un colegiu care funcționează 184

85. Fii recunoscător pentru problemele tale 187

86. Câți ani ai? 189

87. Vești bune în ziar 191

88. „Nici nu te gândi" 193

89. Găsește ceea ce e bun 195

90. Stresul — bun sau rău? 198

91. S-a pregătit pentru succes, nu pentru eșec 200

92. P.S.V. 202

93. Succesul este un parteneriat 204

94. Automobilul Edsel a fost
un succes ieșit din comun 206

95. A transforma tragedia în triumf 208

96. Imposibilul de ieri 210

97. Cum mâncăm un elefant 212

98. E nevoie de curaj 214

99. Dacă ai luat o decizie greșită, schimb-o 216

100. Nu e vorba de ceea ce n-ai 218

101. Învață să spui „da" 220

102. E o problemă sau o ocazie? 222

Tipar: ARTPRINT
E-mail: office@artprint.ro
Tel.: 021 336 36 33